MY
JOB
나의 직업

어쩌면 당신의 시선

CONTENTS

Part One

History

Part Two

Who & What

Part Three

Get a Job

Part Four

Work Together

Part One

History

건축의 개념

건축이라는 말의 사전적 정의를 살펴보면, 건축의 특이성을 알 수 있다. 건축의 영어식 표기인 architecture 이라는 단어는 본래 '큰, 으뜸이 되는, 우두머리' 등의 뜻을 가진 접두어 'archi' 와, '기술'을 뜻하는 뒷 문자 'tecture'의 합성어다. 복잡해보이지만 그 뜻을 풀어보면 모든 기술의 으뜸 또는 커다란 기술이라는 의미가 된다. 건축가가 아니라도 사람은 언제나 건축과 연관을 맺고 살아간다. 저 멀리 선사시대부터 주거 생활과 함께 건축의 의미는 우리와 함께 했고 오늘날 우리에게 건축이란

다양한 형태 또 공간을 통해 우리 주변에 항상 존재하는 환경이기 때문이다.

그런 의미에서 볼 때 건축의 본래 뜻이 가지는 '커다란 기술'이란 건축의 물리적 크기나 공간이 지니는 거대함은 물론 인간 생활 전반에 융화되어 있는 기술이라는 의미도 함축하고 있다고 볼 수 있다.

인간은 생존과 생활의 필요에 따라 실용적이면서도 아름다움을 갖춘 구조물을 만들기 시작했다. 그러나 단순히 만들어 세우는 기술만으로 지어진 구조물은 '건물'이라고

부르지 건축이라는 표현을 사용하지 않는다. 건축은 단순한 건물의 의미에서 나아가 구조물을 만들어내는 공간에 건축가의 조형적인 감각과 아이디어, 창조적 의지들이 결합된 총체적 구조물을 '건축'이라는 단어를 사용하여 표현한다.

즉, 건축은 단순히 필요에 따라 건물을 세우는 기술적인 양식뿐만 아니라, 그 건물이 차지하는 공간적, 사회적, 문화적 의미와 더불어 건축가의 미술적인 감각과 작가의식 등이 강하게 반영된 예술 특히 미술적 범주에 포함시켜 이해하는 것이 바람직할 것이다.

흔히 미술이라고 하면 회화 또는 조각 같은 이미지를 떠올리기 쉽지만 미술은 그 역사가 깊은 만큼 다양한 분야로 파생되어 자리 잡고 있다. 건축의 경우 일상생활에 필요한 기능과 함께 역사적, 문화적으로 오랜 시간 보존할

가치가 있는 미술품으로서 실용예술 또는 응용예술의 범주에 속한다고 하겠다.

그러나 모든 건축물이 이와 같은 미술적 범주에 포함되는 것은 아니다. 원시시대에 눈과 비를 피하기 위해 거주했던 공간은 건축의 범주이지만, 미술적 가치가 있는 구조물로서의 건축에 포함되지는 않는다.

오늘날과 같은 건축적 의미, 즉 건축가의 예술적 작품이자 동시에 실용적 가치와 문화사적 의의를 지니는 건축은 종교나 왕권의 숭고함과 상징적인 권력을 표현하기 위해 탄생하였다고 볼 수 있다.

그렇다면 인류의 최초 건축 활동은 언제부터일까. 대부분의 학자들은 이를 후기 구석기시대부터의 일이라고 보고 있다. 후기 구석기에 이르러서야 자연적 형태로서의 공간이 아닌, 인공적으로 가꾸고 다듬어진 가구

및 주거공간이 나타나기 시작했다고 보기
때문이다. 즉, 최초의 건축은 사람의 주거
공간에 대한 작업과 더불어 시작되었다고
하겠다.

우리나라 건축의 시초도 마찬가지다.
구석기시대의 유적들이 발굴되면서 주거지의
형태가 보고되고는 있지만, 이때는 명확한
의미로서 건축의 범주에 포함하기엔 아직
부족해, 후기 구석기 시대에 발생한 인공적
주거 공간을 건축의 시작으로 보고 있다.

신석기 시대의 것들로 파악되는 여러
유적들은 좀 더 건축적 의미에 가깝다. 그
시절의 건축 역시 주거 생활을 위해 인공적으로
만들어진 공간과 구조물인데 대부분 땅 위에
적당한 크기와 모양으로 움을 파내고 바닥을
고르게 다진 다음 기둥을 세워 짚으로 지붕을
만든 형태를 유지하고 있다. 이는 원시적 주거

공간이지만 오늘날과 그 재료와 공간의 차이만
있을 뿐, 크게 의미가 다르지 않은 건축물인
것이다. 이러한 주거 구조물은 청동기 시대, 또
초기 철기 시대를 지나가면서 점점 더
다양해지는 사람들의 생활 방식에 따라 함께
변화 발전하였다.

사람들이 잠자고 쉬고 밥을 먹는 공간 이외에
간단한 석기나 골각기(骨角器) 등의 제작 작업을
하는 공간, 곡식과 생활도구들을 저장, 격납하는
공간 등이 점차 필요하게 되어, 주거건축과
별도로 독립된 작업장이나 창고 등의
부속건축이 나타나게 되었다.

또, 사회의 발전에 따라 통솔 하는 자와 통솔
받는 사람의 신분에 따른 주거 규모와 양식의
변화가 나타나기 시작하면서 점차
궁전건축이라는 형태로 발전하였고 더불어,
귀족의 주택과 서민의 주택 등 주거건축의

변화가 나타났다.

그리고 국가 간의 분쟁은 성곽건축을
발달시키고, 통일국가로서의 형태가
갖추어지면서 국가 통치 업무를 공간, 즉
관아건축(官衙建築)이 나타나게 되었다.

또한 종교의 발전은 종교건축을 낳았으며,
사람들 간의 교류 확대로 인하여 도로의 정비와
아울러 교량이 만들어졌다. 즉, 시대적 사회적
요구에 따라 공간기능을 충족시키는
방법으로서 다양한 건축이 발달하게 된 것이다.

이 밖에 건축을 구성하고 있는 주요자재에
따른 분류 방법도 있다. 즉 주요 자재가 목재인
경우 목조건축이라 하며, 흙을 주요 자재로 한
건축은 토축건축(土築建築), 흙을 빚어서 구운
전(塼)으로 구축한 건축은 전축건축, 돌을 쌓아
만든 건축은 석조건축이라고 한다.

또, 그 건축이 건립된 지역에 따라서
분류하는 방법도 있다. 서양에 세워지거나
그것을 모방한 건축은 서양건축이라고 하며,
동양에 세워진 건축이나 이를 모방한 건축은
동양건축이라고 한다. 동양건축은 더 세분하여
한국건축·중국건축 혹은 일본건축으로
분류하기도 한다.

따라서, 우리나라의 전통적인 건축은
동양건축의 범주에 들어가는 한국건축이며,
대부분 목재를 주요 자재로 사용하는
목조건축이 많다.
주거건축·궁전건축·관아건축·종교건축 등은
목조건축에 속하며, 성곽건축의 성벽은 주로
석재 또는 흙으로 축조하지만, 성곽 내부에
세워지거나 성곽 위에 세워지는 여러 가지
시설은 목조건축이 많다.

오늘 날 한국의 건축

앞서 설명한 건축의 개념이 보편적인 건축에 대한 개념이자 이해를 돕는 과정이었다면 이젠 건축의 두 가지 측면에 대해 이야기를 해야 한다.

생활의 필요에 의해 시작된 건축은 문명이 발달함에 따라 여러 가지 특징들을 보유하게 되었다. 단순한 구조물이 아니라 때로는 권력의 상징이 되기도 하였으며, 때로는 종교의 숭고함을 나타내기도 하는 장치이기도 하였다.

물론 현실적으로 볼 때 주거 공간과 활동의 편리함을 위해 만들어진 건축은 '필요'한 생활

구조물이다. 그러나 이와 별개로 또는 동시에 건축은 문명이 발달함에 따라 해당 문명을 반영하는 것에서 한 걸음 더 나아가, 문명을 논하고 이끌어 나가는 예술적 차원으로까지 승화되었다.

프랭크 로이드 라이트(Frank Lloyd Wright)라는 미국의 건축가가 있다. 그는 20세기 초 건축 활동을 통하여 신생 국가였던 미국을 유럽 선진국들과 어깨를 견줄 수 있는 국가로 이미지를 상승시키는데 많은 공로를 쌓았다. 단순히 자신만의 업적이 아니라, 미국이라는

나라의 정체성을 확립하고 알리는데 일조했다.
그의 건축적 특징은 대자연을 최대한 살려내는
방식이었는데 이는 신생 독립 국가였던 미국의
정체성과 맞아떨어졌고, 이런 방식을 '교외
이상'이라는 개념으로 발전 시켰다. 즉, 미래의
이상이 교외에 있다는 사고방식을 건축으로서
재현해낸 것이다.

　일반적으로 '이상적 가치'라는 것은 미래적인
기술, 첨단 문명과 맞물리는 이미지를
구현하지만, 그는 당시 첨단 기술 국가였던
미국의 이미지를 도심부가 아닌 교외, 자연

환경을 통해서 국가의 정체성과 미래적인
가치를 찾아낸 것이었다.

　건축이 단순히 구조물을 만드는 것에 그치지
않고, 관념과 이상, 가치를 제시할 수 있는
예술로 승화시킨 것이다.

　그러나 아직까지 한국에서의 건축이란,
이러한 예술적 가치로서 인정받기 보다는
상업적 업무 기능이 보다 중요시 되고 있는
것이 현실이다. 대중매체에서 소개하는
건축가라는 직업에 대한 묘사만 보아도 그렇다.
이들은 멋있는 건축 사무소 안에서 예술 작업에

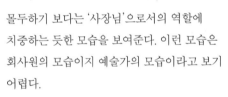

몰두하기 보다는 '사장님'으로서의 역할에
치중하는 듯한 모습을 보여준다. 이런 모습은
회사원의 모습이지 예술가의 모습이라고 보기
어렵다.

그러나 안타깝게도 현재까지 한국의 건축
시장은 예술 작품으로서의 건축이 아닌
상품으로서의 건축이 주를 이루어 왔다.

하지만 우리 건축계에도 변화가 시작
되었으며 건축을 단순한 기능적 차원이 아닌
예술적 차원으로 끌어 올리려는 노력이
곳곳에서 나타나고 있다. 무엇보다도 4년제던
건축학과가 5년제로 수업 연한이 늘어났으며
공대계열에 소속되어 있던 과거와 달리
예술계열의 학과로 바뀌고 있다. 이러한 현상은
우리 건축계의 수준을 한 단계 업그레이드 시킬
것이라는 확신을 준다.

그런데 이는 아직 다가 올 미래의 일들이며

현재의 건축계 상황은 그러하지 못하다고
하겠다.

그래서 문제가 되는 것은 지금 건축학과를
졸업하는 학생들인데 이들은 현실의
기능공학적 구조물로서의 건축에 충실할
것인지 아니면 미래 지향적 예술적 건축물을
추구할 것인지를 선택해야 하는 기로에 서게
된다는 것이다. 물론 현실에 충실하면서 미래의
꿈을 키워나가야 하고 그렇게 하는 것이
이상적이지만 말만큼 쉬운 일이 아니라는 것을
알아야 한다. 자칫 잘못되면 현실적인 면에서도
능력을 발휘하지 못하고 미래 지향적인
면에서도 뒤쳐질 수 있기 때문이다. 대형
사무소에서 일하는 이들은 창의성 없는 자신이
마치 찰리채플린 주연의 〈모던 타임즈〉에
나오는 노동자 같다고 여길 것이고, 소형
사무소에서 돈벌이가 없어 힘들어지는 이들

역시 빛바랜 꿈을 바득바득 우기며 현실 위에 올려두려는 가난한 비현실주의로서의 좌절을 맛볼 수도 있는 것이다. 이는 어찌 보면 우리 건축계의 과도기적 현상이라 할 수 있지만 젊은 건축학도들에게는 심각한 삶의 문제가 될 수도 있는 것이다.

건축이 반드시 예술적이어야 한다는 것은 아니다. 그러나 예술가적 자질이 없는 건축가의 삶이란, 또는 예술적 창조력을 잃어버린 건축의 힘이란 무의미한 회색 빌딩을 양산하여 공해에 일조하는 생산자가 될 뿐이다. 비록 돈을 버는 직업에 불과할지라도, 건축가에게는 나름의 사명이 필요하다. 그것이 무엇이든 명확하고, 꾸준하게만 빚어진다면 한국의 건축 시장을 보다 나은 형태로 만들어 가리라 믿어 의심치 않는다.

한국을 지탱하고 있는 이 두 종류의 건축가 모습은 앞으로 건축가와 우리 건축의 미래가 어떻게 발전해야 하는지를 고민할 수 있게 하는 질문이나 다름없다.

당신은 어떤 건축가가 될 것인가?
우리는 어떤 건축을 해야 하는가?

우리는 건축가의 길을 걷기 전에 이런 질문에 대하여 한번 쯤 생각해 볼 필요가 있지 않을까 한다.

모던타임즈

찰리 채플린이 1914년에 만들어 그에게 세계적인 명성과 애정을 안겨준 떠돌이 캐릭터를 연기한 마지막 영화다. 그 사이 세상은 많이 변했다. 떠돌이 캐릭터가 처음 등장한 때는 아직 19세기와 가까운 시절이었지만 대공황 직후인 1936년은 21세기에 느끼는 것과 별반 다르지 않은 가난과 실업, 파업과 파업파괴자, 정치적 비관용과 경제적 불평등, 기계의 횡포와 마약이 야기하는 불안에 직면해 있었다. 채플린은 이러한 문제들을 코미디라는 탐조 등으로 조명하며 떠돌이를 전 세계의 공장에서 일하는 수백 만 노동자 중 한 명으로 만들었다. 처음에 그는 컨베이어벨트의 단조롭고 비인간적인 작업을 하면서, 또 노동자들이 일하는 동시에 식사를 할 수 있게 하는 기계를 실험하는 피실험자로 이용되면서 미쳐버리는 노동자로 등장한다.

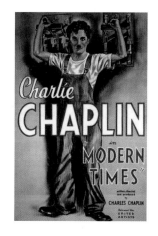

한국의 주요 현대 건축물 살펴보기

우리나라 현대 건축을 이야기할 때 빼놓을 수 없는 인물로 김수근을 들 수 있는데 그는 일본에서 건축학을 공부한 뒤 1961년 '김수근 건축연구소'를 설립하여 국내에서 본격적으로 활동을 시작했다.

2013년 2월 동아일보와 건축 전문월간지 〈SPACE〉가 주관한 '건축전문가 100인이 뽑은 한국의 현대 건축 Best 20'의 1위에 선정된 '공간 사옥'은 김수근이 1971년에 구관을, 1977년에 신관을 설계하여 지은 건축물로 우리나라 전통 건축의 공간적 특성을 잘 살린 대표적 작품으로 꼽힌다.

우리나라가 한국전쟁 후 국가 재건이라는 중대한 작업을 추진할 때 김수근은 서양식 건축만이 좋은 것이 아니라는 생각에서 우리의 전통 건축 방식, 특히 우리의 전통 건축이 그 건물에 사는 사람들에게 친밀감을 주는 적절한 규모를 제공한다는 것에 주목했다. 그는 공간과 인간의 정서가 별개로 구분되는 것이 아니라, 공간 안에서 친밀하게 서로 어우러지는 것이며 결국 일상을 치러내는 공간 안에서 아이디어, 연구, 정서, 감정 등이 발산되는 것임을 건축을 통해 이야기하려고 했다. 따라서 김수근은 건축 공간이 최대한 인간과 밀접하게 닿아 있어야 한다고 생각했고, 모든 공간의 느낌과 양식을 획일화 하지 않고 소규모로 분할해 이들 공간이 서로 어우러지며 중첩되어 있는 형태의 건축론을 지향했다.

이러한 김수근의 건축관이 현실로 반영된 곳이 바로 앞서 말한 공간 사옥이다. 공간 사옥은 얼핏 보면 4층으로 이루어진 건물처럼 보이지만, 내부에는 소규모의 공간들이 중첩되어 있어 약 10여 층 이상으로 분절되어 있다는 것을 알 수 있다. 각 블록은 저마다의 기능을 가지고 있으며 크지도, 작지도 않은 규모로 사람들이 활동하기에 안정적이고 편안한 환경을 제공한다. 또 블록과 블록은 계단으로 이루어져 있어 미로를 걷는 것 같은 상상력을 불러일으킨다.

한편으로는 복잡한 구조 때문에 내부에서 생활하는 사람은 오히려 혼란스럽게 느끼는 것이 아닌지 의문이 들 수도 있지만, 매번 새로운 인상을 주는 이동 경로는 걷는 사람에 따라, 또 공간에 머무는 사람의 정서와 감정에 따라 창조적이면서 새로운 감동을 불러일으킨다고 전해진다.

공간 사옥 전경

김수근의 공간 사옥과 함께 주목 받는 현대 건축물로는 현 주한 프랑스 대사관을 꼽을 수 있다.

이 대사관은 프랑스의 대표적인 건축가 르꼬르뷔지에(Le Corbusier) 문하에서 공부한 김중업이 설계하여 1962년에 완공한 건축물로서 우리나라 전통 건축물의 형태적 아름다움을 현대적 감각으로 살려낸 대표적인 작품이라 하겠다.

대사관저와 사무를 보는 공관으로 건축된 프랑스 대사관은 지붕 모양에서 우리의 전통 기와집 형태를 서양 건축 방식으로 절묘하게 구현해냈다는 평을 받고 있다. 이는 다분히 르꼬르뷔지에의 영향을 받은 덕분이기도 하겠지만 우리의 기와집 처마의 비상하는 모습이 현대적 감각으로 다듬어졌다는 점에서 다른 외국 건축가들의 작품을 제치고 김중업의 작품이 공모전에서 당선된 것 같다.

일반적인 건축물과는 달리 건물 본체와 분리되어 떨어져 날아오르는 듯한 지붕의 곡선에서 바로 한국의 얼과 프랑스의 우아함이 조화롭게 스며들어 있음을 엿볼 수 있다고 하겠다.

1994년에 완공된 화가 김환기를 기린 환기 미술관 역시 한국 현대 건축사에 빼 놓을 수 없는 건축물이다.

주로 박물관 중심의 건축이 이루어지던 시대에 개인의 미술 세계를 오로지 담은 미술관 건축은 그 시도 자체로서도 세상의 주목을 받았지만 김환기의 작품 세계를 그대로 건축에 반영하여 설계한 우규승의 '환기 미술관'은 우리나라의 정서를 아름답게 담아낸 대표적 건축물이라 하겠다. 이는 화가 김환기가 추구한 한국의 정체성 구현과도 맥을 같이 하는 것이다.

이는 화가 김환기와 친하게 지내던 건축가 우규승의 "미술관은 김환기 선생님의 정서와 예술에 어울리는 곳이 되어야겠다는 생각에서 산, 달, 구름, 바위, 나무와 같은 자연과 어울리고 한국의 정취가 있으며 현대적인 세련됨이 있으면 좋겠다"는 그의 생각에 잘 나타나 있다.

명확하게 여기가 건축물의 앞면이다라고 꼬집어 말할 수 없는 형태의 건축물이지만 전체적으로 강렬한 동일성을 유지하고 있다는 평을 받는 환기 미술관은 천장 부분에서 부드럽게 흘러드는 빛으로 말미암아 환상적인 추상적 분위기를 연출하는 공간을 자랑한다. 이 역시 추상화가의 길을 걸어온 건물의 주인공인 김환기의 화풍과 잘 어울리는 부분이다.

환기 미술관은 빛과 공간의 무대 속에서 미술품 감상의 정신적 풍요로움을 더해주는 배경 음악과 같은 건축물이라고 하겠다.

2012년 건축가 이소진이 청운동 일대에 수돗물을 공급하던 수도가압장을 리모델링 설계를 하여 만든 '윤동주 문학관'은 윤동주의 시의 세계를 건축물 자체로 잘 표현한 대표적 작품이다.

모터펌프실과 2개의 물탱크를 개조하여 만들었는데 모터펌프실이었던 제1전시실에는 윤동주의 친필원고 영인본, 시집 등 유품이 전시되어 있으며 물탱크였던 제2전시실의 이름은 열린 우물, 제3전시실의 이름은 닫힌 우물인데 이는 모두 윤동주의 시와 삶에서 그 모티브를 찾고 있다.

물탱크의 윗부분을 뜯어낸 열린 우물에서는 윤동주의 시 '하늘과 바람과 별'을 볼 수 있으며 그의 마음 속 깊이 항상 자리 잡고 있는 고향을 본다.

제3전시실은 물탱크의 모습이 그대로 남아있는 어두운 공간인데 천장의 점검사다리가 걸쳐져있던 뚜껑으로 조그마하게 새어 들어오는 빛은 그 자체가 타국 땅에서 생을 마감하는 순간까지도 희망을 버리지 않았던 윤동주의 암울했던 삶을 조명하고 있다.

이처럼 건축물 자체가 시인의 마음은 물론이고 그 당시 암울하고 어두웠던 시대의 모습을 말해주고 있는 '윤동주 문학관' 역시 우리나라 현대 건축사의 기념물이 아닐 수 없다.

환기 미술관

윤동주 문학관

〈건축전문가 100인이 뽑은 '한국의 현대건축 BEST'〉

순위	건축작품명	득표	건축가	년도
1	공간 사옥	55	김수근(설계)	1977
2	주한 프랑스 대사관	33	김중업(설계)	1962
3	선유도공원	31	조성룡, 정영선	2002
4	경동교회	30	김수근	1981
5	쌈지길	24	최문규	2004
6	절두산 순교성지	18	이희태	1967
7	이화여자학교 ECC	15	도미니크 페로	2008
8	다음 스페이스닷원	14	조민석, 박기수	2011
9	환기 미술관	12	우규승	1944
10	웰콤시티	10	승효상, 플로리안 베이겔	2000
11	리움미술관	10	마리오보타, 장 누벨, 렘 쿨하스	2004
12	삼일빌딩	9	김중업	1970
13	어반하이브	8	김인철	2008
14	꿈마루	7	조성룡	2001
15	포도호텔	7	이타미 준	2001

하나의 건축물을 지을 때는 일반적으로 다음과 같은 과정을 거치게 된다.
상담 및 기획 -> 설계 -> 시공 -> 인테리어 -> 사용승인 -> 등기

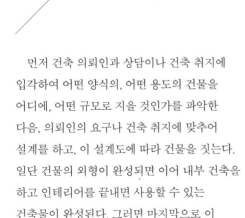

먼저 건축 의뢰인과 상담이나 건축 취지에 입각하여 어떤 양식의, 어떤 용도의 건물을 어디에, 어떤 규모로 지을 것인가를 파악한 다음, 의뢰인의 요구나 건축 취지에 맞추어 설계를 하고, 이 설계도에 따라 건물을 짓는다. 일단 건물의 외형이 완성되면 이어 내부 건축을 하고 인테리어를 끝내면 사용할 수 있는 건축물이 완성된다. 그러면 마지막으로 이 건물을 사용해도 안전하며 허가 받은 설계대로 지어졌는지 검사를 받아야 한다. 별다른 이상이 없으면 건축물을 사용해도 좋다는 사용 승인이

난다. 그러면 등기소에 건물등기를 하는데 이는 사람의 출생신고와 같다.

이 과정을 끝내면 비로소 완전한 건축물로서의 지위를 가지게 된다.

상담 및 기획 단계

건축에 있어서의 첫 번째 단계로서 건축을 하고자하는 사람의 구상이나 건축 취지를 최대한 반영하기 위하여 전문적 지식과 노하우를 바탕으로 협의하고 가장 합리적이고 타당한 건축 방향을 설정한다.

즉 건축에 주어진 과제를 사회·경제·법률적 영역과 구조·전기·위생·기계·시공 등의 기술공학적인 영역에서 각각의 문제를 검토하여 최적의 방향을 종합적으로 설정하는 단계이다. 그래서 이 과정에서 우리는 건축사가 가지고 있는 지식이나 경험, 기술력 등의 모든 역량을 엿볼 수가 있게 된다.

토지의 법적인 성격에 따라 지을 수 있는 건축물이 있고 지을 수 없는 건축물이 있다. 그래서 무엇보다 먼저 이러한 건물을 이곳에 지을 수 있는지를 정확하게 알아봐야 한다. 그 다음에는 어느 정도의 예산으로 건물을 지으려

하는지를 결정하고, 그러한 규모의 건물을 지어도 되는 지질적 특성을 가지고 있는 지 살펴봐야 한다. 그 다음 이러한 건물을 지었을 때 주위 환경에 영향을 미치지 않을 지 여부를 조사해야 하고 별다른 문제점이 없다면 건물 디자인 개념을 수립한다. 이후 이 디자인으로 건축하는데 있어서 기술적으로 가능한지를 검토하면 하나의 건축물에 대한 설계 방향이 수립되게 된다.

이는 어떻게 보면 머리 속에서 건축물의 대강 모습을 그리는 것인데 우리는 이를 건축물의 기획 또는 개념 설계라고 하기도 한다.

이러한 기획이나 개념 설계를 바탕으로 구체적인 설계도가 만들어지는데 이를 개념 설계와 구분하여 실시설계라 한다. 우리가 보통 설계라고 할 때는 이 실시설계를 말한다. 이 설계는 머리 속에 있던 추상적인 생각을

구체적으로 도면화하는 작업으로 다음 단계에
해당한다.

초기 기획단계에서는 건축물의 개념을
정립하고 가장 효율적인 방법으로 건축하기
위하여 다음과 같은 사항들을 세밀하게
검토하여야 한다.

■ 건축의 이유 : 이 건물을 왜 짓는지, 무엇을
위하여, 어떤 용도로 사용할 것인지를 정한다.

■ 건축물의 규모 : 얼마만한 예산으로, 어느
정도의 규모로, 즉 개별 공간은 어느 정도로,
공동 공간은 어느 정도로, 몇 층으로, 총
면적은 얼마로, 부속 시설은 어떤 성질의
것을 어떤 규모로 지을 것인가를 정한다.

■ 건축물 디자인 : 어떤 형식의, 어떤

모양으로 지을 것인가를 기술 공학적 지식을
바탕으로 결정한다.

■ 건축방식 : 철근 콘크리트로 지을 것인가
아니면 목조나 철강으로 지을 것인가를
정하고 외벽은 어떻게 처리할 것인가도
정한다.

■ 설비 방식 : 냉·난방은 어떻게 하며,
급수는 지하수를 이용할 것인지, 전기는 태양
전기를 사용할 것인지, 하수처리는 어떻게
하고, 보안시스템, 통신 설비 등은 어떤
방식으로 할 것인지를 결정한다.

■ 조경 계획 : 담은 어떤 모양으로 하며,
정원은 어떻게, 대문은 어떤 모양으로 할
것인가 등에 대하여 결정한다.

설계 단계

설계도란 마치 교향악단에서의 악보와 같은 것으로서, 가급적 면밀한 내용을 정확히 기술하지 않으면 안 된다. 건축 설계는 토목·구조·건축·가구·실내장식·전기·위생 ·냉난방 기계설비 그리고 조경을 대상으로 하는 설계도, 시방서 및 내역서 등을 만드는 작업이다. 물론 설계자는 공사가 진행되는 과정에 있어서도 시공자에게 해석하여 주고, 설계 당시에 없던 문제점이 발견되면, 현장에서의 해결책을 제시하는 감리과정이 뒤따른다. 이 감리과정 역시 공사가 설계도대로 이행되는지를 감독하고, 공사의 정밀도, 공사결과의 하자요인을 예방하게 하는 중요한 작업이다.

설계 과정은 설계 대상물의 종류에 따라 차이가 있지만 대략 다음과 같은 순서로 이루어진다.

전체의 형식 ·형상 ·치수 ·설비 및 사용재료를 결정하고, 전체의 안정과 각부에 걸리는 힘을 역학적인 계산으로 구하고 세부구조 ·설비 ·유지 ·내구성 등과 같은 실제 면에서 각 부분의 세부 항목을 결정하고

다음에 이것들을 종합해서 설계도를 만든다.

설계하는 과정에서는 미리 모든 계산이나 문제점을 다 해결한 뒤에 설계를 하기도 하지만, 일단 기본적인 계획이 결정되면 중요한 요소와 계산은 나오기 때문에 설계도를 제작하면서 기타 문제점들은 상황에 따라 구체화 해나가기도 한다.

설계 업무는 일반적으로 기본설계 ·실시설계 ·감리의 세 단계로 나눈다.

기본설계는 건축주의 의도를 조직화하여 기본적인 사항을 간추려서 설계의 대강의 모습을 보이는 단계인데, 기획에 관한 협의 및 조사, 배치도·평면도·입면도·단면도 등 기본설계도의 작성, 설계 설명서의 작성, 공사비 계산서의 작성 등을 그 내용으로 한다.

실시설계는 위의 기본설계도서에 입각해서 더욱 상세하게 설계한 것으로, 공사 실시에 필요한 설계도서를 정비하는 단계이다. 그 내용은 기본설계도의 항목 외에 각종 상세도, 구조계산서 및 구조설계도, 급배수·공기조화 ·냉난방·전기·가스, 기타 설비설계도를 포함하는 구체적 실시설계도의 작성, 시방서의 작성, 공사비 예산서의 작성, 공사 청부 계약조건의 입안, 건축법에 따르는 확인 신청 절차에의 협력 등을 말한다.

감리란 공사가 설계도서대로 완성되도록 공사 시공자를 지도 감독하는 일을 말하는데, 그 내용은 공사 계약에 관한 협력, 건축 상세도의 작성, 시공도 등의 검사 및 승인, 공사에 관한 지도, 상주하는 현장 감독자에 대한 지휘, 변경 공사의 처리, 중간 및 최종 지불 승인 등의 업무들로 이루어진다.

현재 공사 감리에는 종합 공사감리·상주 공사감리·일반 공사감리 등 세 가지가 있다.

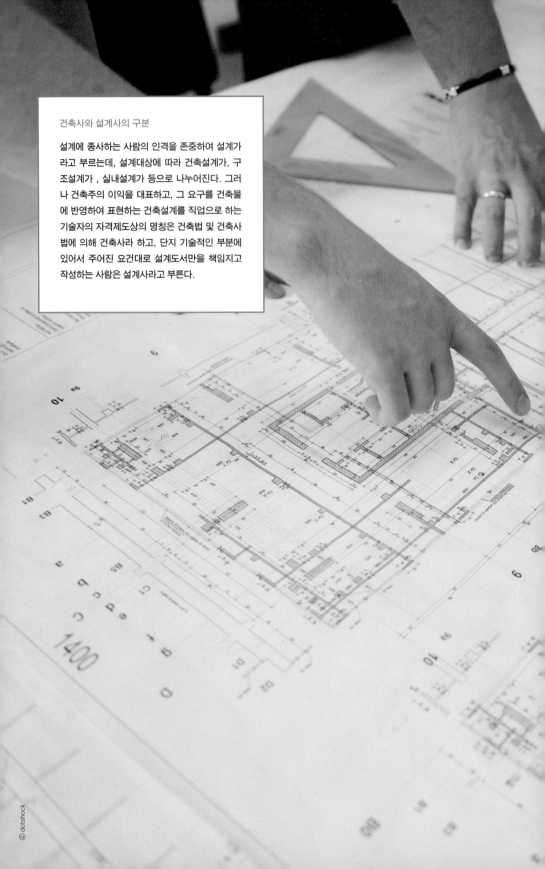

건축사와 설계사의 구분

설계에 종사하는 사람의 인격을 존중하여 설계가
라고 부르는데, 설계대상에 따라 건축설계가, 구
조설계가 , 실내설계가 등으로 나누어진다. 그러
나 건축주의 이익을 대표하고, 그 요구를 건축물
에 반영하여 표현하는 건축설계를 직업으로 하는
기술자의 자격제도상의 명칭은 건축법 및 건축사
법에 의해 건축사라 하고, 단지 기술적인 부분에
있어서 주어진 요건대로 설계도서만을 책임지고
작성하는 사람은 설계사라고 부른다.

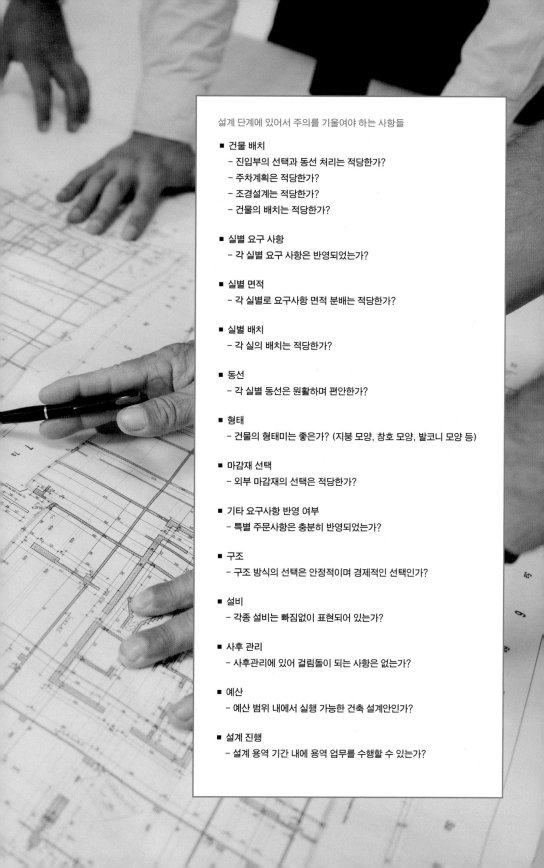

설계 단계에 있어서 주의를 기울여야 하는 사항들

■ 건물 배치
  – 진입부의 선택과 동선 처리는 적당한가?
  – 주차계획은 적당한가?
  – 조경설계는 적당한가?
  – 건물의 배치는 적당한가?

■ 실별 요구 사항
  – 각 실별 요구 사항은 반영되었는가?

■ 실별 면적
  – 각 실별로 요구사항 면적 분배는 적당한가?

■ 실별 배치
  – 각 실의 배치는 적당한가?

■ 동선
  – 각 실별 동선은 원활하며 편안한가?

■ 형태
  – 건물의 형태미는 좋은가? (지붕 모양, 창호 모양, 발코니 모양 등)

■ 마감재 선택
  – 외부 마감재의 선택은 적당한가?

■ 기타 요구사항 반영 여부
  – 특별 주문사항은 충분히 반영되었는가?

■ 구조
  – 구조 방식의 선택은 안정적이며 경제적인 선택인가?

■ 설비
  – 각종 설비는 빠짐없이 표현되어 있는가?

■ 사후 관리
  – 사후관리에 있어 걸림돌이 되는 사항은 없는가?

■ 예산
  – 예산 범위 내에서 실행 가능한 건축 설계안인가?

■ 설계 진행
  – 설계 용역 기간 내에 용역 업무를 수행할 수 있는가?

시공 단계

앞 단계에서 만들어진 설계도서에 따라, 지정된 건축 방식과 건축 재료를 사용하여 원하는 모양의 건물을 짓는 기술적 과정을 건축시공이라 한다.

건축 시공은 건축사가 하는 것이 아니고 건물을 지을 수 있는 장비와 인력을 가진 건설회사가 일반적으로 맡아서 한다. 말하자면 건축사가 건물을 어떻게 어떻게 만들라고 정해 놓으면 시공하는 회사는 주문하는 대로 건물을 짓는 것이다. 이 때 건축사는 시공회사가 과연 자기가 주문한대로 건물을 짓고 있는지 관리 감독하며 시공자가 잘 모른 부분은 현장에서 설명해주고 지적하여 계획대로 건축하게 한다. 이를 감리라고 한다. 감리는 건축사가 하지만 시공은 시공회사인 건설사가 한다.

이러한 시공회사를 선정하는 방식은 공사의 규모, 경제적·입지적 건축 조건에 따라 다른데 일반적으로 대규모 건축을 할 경우에 시공회사가 건축사를 고용하여 설계하고 직접 시공하는 직영 방식이 있는가 하면 건축사가 설계한 건축물을 시공할 회사를 입찰도급 방식으로 선정하거나 유명하거나 잘 아는 시공사에 임의적으로 맡기는 방식이 있다.

우선 직영방식은 시공주 자신이 계획을 세우고, 직접 재료구입·고용·공사·감독 등 모든 공사 과정을 자기 책임 아래 시행하는 것으로서, 시공 내용이 단순하고, 용이한 경우에 채택된다.

도급방식이란 설계서에 따라 시공회사와

공사 계약을 체결하고, 시공회사의 책임 아래 건축공사를 완성시키는 것으로서 시공사는 공사에 소요되는 일체의 재료·노무·시공 관계 제반 업무에 드는 비용을 전체 합쳐서 일정한 금액(도급액)을 받고 그 금액 내에서 책임지고 공사를 완성하는 방식이다. 이때 계약 체결 후에 공사비용이 더 많이 들어간다면 모든 추가비용은 시공사가 부담해야 한다. 따라서 시공사는 도급액을 계산할 때 정확하게 산정하여야 손해를 보지 않는다.

이런 방식으로 공사를 할 때는 보통 도급액(공사에 드는 총 비용)을 적게 요구하는 시공회사를 선택하게 되는 데 어느 회사가 적은 금액에 우수한 공사를 할 수 있는 지를 판단하기 위하여 입찰이라는 방법을 사용한다.

이와 같은 과정을 통해 시공사를 선정하면 공사 대금의 지급(일반적으로 계약 당시, 공정별 진행 중, 공사 완료 후 잔금 처리 순으로 진행된다. 예를 들어 계약 시 20%, 기초공사 완료 후 자재 입고 시 30%, 골조공사 후 30%, 공사완료시 20%와 같은 방식으로 지급되는데, 그 비율은 업체마다 다르다) 등 구체적인 계약을 한다.

다음 건축주를 대신해 설계자가 착공신고서에 구비서류를 갖춰 관할 행정기관에 제출하고 착공신고필증을 교부받아 공사를 착수한다.

시공 단계에서 작업은 일반적으로

- 착공준비
- 가설공사
- 토공사
- 기초공사
- 구체공사
- 방수·방습공사
- 지붕 및 홈통공사
- 외벽 마무리공사
- 창호공사
- 내부 마무리공사

의 순서로 진행되는 것이 보통이다.

그리고 마지막으로 조경공사를 비롯하여 외부와 정원에 관련된 데크, 대문, 담장, 외등, 연못, 석축 쌓기, 외부 바닥 마감, 각종 맨홀 등의 공사를 한다.

건축 용어 설명

■ 가설공사 : 건축구조물을 지을 터에 대한 측량을 하고 지을 건축물
  의 위치를 표시하는 작업.

■ 토공사 : 성토와 절토를 통하여 건물 지을 터를 고르고, 지하구조물을
  설치하기 위해 터를 파는 것은 물론 장마철이나 지하수를 대비한 물
  막이와 배수로를 만들며, 남는 흙을 처리하는 등의 작업을 말함.

■ 절토 : 땅을 고르기 위하여 흙을 깎아 내는 일.

■ 성토 : 절토의 반대로 땅을 고르기 위하여 다른 곳에서 흙을 가져와
  쌓는 일.

■ 기초공사 : 건물 자체의 무게, 지진이 발생했을 때 흔들림, 바람이 세
  게 불거나 눈이 많이 왔을 때 건물이 붕괴되거나 넘어지지 않도록 하
  기 위하여 건물에 작용하는 외부의 힘을 안전하게 지반에 전달하도록
  만든 건축물 최하부의 구조부를 형성하는 작업.

■ 중간검사 : 건축허가를 받은 건축물은 관할행정기관에 중간검사 신
  청을 하여야 한다. 철골조 또는 철근 콘크리트의 경우, 기초공사에 있
  어 철근배치를 완료할 때 해야 하고, 이외의 기타 구조물은 기초 공정
  의 거푸집 또는 주춧돌의 설치를 완료할 때, 신청을 하여야 한다. 따
  라서 지정한 중간검사 예정일 때, 중간검사를 하고 검사필증을 교부
  받아야 하며, 혹 중간검사필증을 교부 받지 못하면 주요구조부에 대
  한 공사를 계속할 수 없음.

■ 골조공사 : 건축물의 뼈대를 만드는 작업으로 사용하는 건축 재료에
  따라 쇠로 만들 때는 철골조, 콘크리트로 만들 때는 콘크리트골조라
  부름.

■ 외장공사 : 건축물의 바깥벽을 장식하는 공사인데 비바람을 막아주
  고 건축물의 아름다움을 표현하는 공사이다. 보통 건물의 열효율을
  높이기 위한 단열공사를 먼저하고 외장공사를 하는데 재료로는 주로
  나무, 벽돌, 타일, 대리석, 화강석 등이 많이 사용됨.

- 단열공사 : 실내의 온도가 외부로 손실되지 않도록 하는 공사인데 흔히 스티로폼이라 불리는 발포폴리스티렌, 아이소핑크라 불리는 압출 폴리스티렌 등등이 있는데, 일반 주택에서는 주로 스티로폼이 많이 사용되고 있음.

- 창호공사 : 창호는 기능적으로 채광, 환기 및 조망의 역할을 담당하지만 외부 공기가 들어올 수 있는 통로로서 단열 성능을 떨어뜨리는 요소가 될 수도 있다. 또한 건축물의 인상에 많은 영향을 미치기 때문에 다양한 방식으로 건축물에 어울리는 창호를 설치해야 함.

- 마감공사 : 주로 실생활과 맞닥뜨려지는 내부 공간에 조형미를 가하는 공사를 말하는데 크게 천장, 벽 및 바닥 마감공사로 나눌 수 있다. 실내 마감에 사용되는 자재는 설계도서 작성 시 '실내재료 마감표'에 기본적인 마감의 종류에 대하여 명시를 하고 있으며 시방서에도 각각의 자재에 대하여 좀 더 구체적인 사양 및 시공 방법 등을 명시하고 있다. 그러나, 실제로 정확한 모델과 사양은 공사 진행 시 견본품을 보면서 결정하는 것이 일반적임.

- 시방서 : 설계도면에 대한 설명 또는 도면에 기재하기 어려운 기술적인 사항을 표시해 놓은 도서로서, 공사에 쓰이는 재료, 설비, 시공체계, 시공기준 및 시공기술에 대한 설명서와 이에 적용되는 행정명세서로 구성된 건축 공사에 관한 자세한 자료.

- 설비공사 : 설비공사란 보일러 및 난방공사, 급수 및 배수 등의 위생공사, 전기 공사 등을 통틀어 말한다. 거주에 있어 실내 환경과 주택의 기능을 향상시키고, 생활의 각종 편의를 제공하는 시설물을 설치하는 것으로, 갈수록 시설물이 다양해지고 고급화되는 추세이다. 건축설비로서 가장 보편적인 것은 냉난방 · 전기 · 랜케이블 · 급배수 · 환기 · 주방설비 등이며, 그 밖에 가스설비 등이 있음.

인테리어 단계

인테리어는 건축 재료와는 다른 재료를 사용하여 실내 공간의 천장, 벽, 바닥을 마무리하는 작업을 말하는데 건물의 용도, 건축 테마, 또는 건축주의 요구에 맞도록 설계한다. 즉 건물과 인간과의 관계에서 인간의 정서적 욕구나 행동의 합리성 또는 편리성 등을 고려하여 건축물의 내부공간을 마무리하는 작업으로 이 또한 설계의 개념으로 해석되고 있다.

예전에는 건물 자체와는 별개로 내부 장식 하는 것을 인테리어라 했지만 오늘날에는 공간의 합리적 사용이나 예술적 형상화라는 의미에서 내부 건축설계의 개념에 가깝다고 하겠다.

즉 전선과 랜선을 사용하는 장치는 어떤 모양으로 어디에 설치하는 것이 편리하며, 천장은 어떤 소재로 형상화하고, 조명은 간접조명으로 하는 것이 좋을까 아니면 직접조명으로 할 것인가, 계단은 어떤 모양으로 만들며, 바닥은 대리석이나 목재 중 어느 것을 사용하며 벽은 어떤 소재로 마무리하는 것이 좋을까? 가구는 어떤 종류의 것을 어디에 두며, 주방 시설은 어떻게 설치할까? 등등을 구체적으로 선정하여 계획을 세우고 이 계획에 따라 공사하는 것을 말한다.

이는 공간과 인간 상호 간의 관계에 대한 해석을 바탕으로 이루어지거나, 천장·벽·바닥으로 이루어진 하나의 공간을 대상으로 한 예술적 창작을 모티브로 이루어진다. 따라서 오늘날 인테리어는 내부 장식이라는 개념을 넘어 인간 생활의 안락함과 조화 또는 예술적 이미지를 만들어내는 또 하나의 설계와 시공이라는 의미가 더 강하다고 하겠다.

이러한 인테리어 작업에서 반드시 고려해야 하는 요소가 몇 개 있는데 그것은 실내 공간의 균형과 리듬, 특성과 강조점, 마감 재료의 질감, 그리고 색채와 빛이라 하겠다. 물론 한정된 건축 예산 안에서 이루어져야 한다. 동일한 예산을 가지고 어떻게 하면 사람이 생활하기에 가장 편리하고 정서적 안정감을 가질 수 있도록 할 것인가를 고민하고 이를 실현하는 단계라 하겠다.

인테리어 작업이 끝나면 이제 실질적으로 사람들이 거주하거나 사용하는데 전혀 지장이 없게 된다. 그러나, 법적으로 아직 사람이 사용해도 좋다는 승인을 받지 못한 단계이다.

© Nikita Sursin

© Naphat_Jorjee

© Ilja Erceg

인테리어 속의 가구

■ 주방가구

제일 중요한 것은 조리순서에 따른 주방가구의 배열이다. 요즘은 전문주방가구 업체에서 배열설계를 해주기 때문에 이를 활용하기도 하지만 전문 인테리어 디자이너가 하기도 한다.

사용자인 주부의 시선처리와 동선을 세심하게 배려하여 ㄷ자 형태나 아일랜드 형 스타일로 배치하던지 아니면 가족이 있는 쪽으로 시선을 향할 수 있도록 개방형으로 배치 설계하기도 한다.

뿐만 아니라 주방가구 설치 시 주부의 신장을 고려하여 높이를 조절하여 주는 것도 매우 중요하며 가구의 재질 및 색상은 예산과 취향에 맞추도록 한다.

© Breadmaker

■ 붙박이장

침실을 비롯한 각 실에는 수납을 위한 가구가 필
수적으로 들어간다. 현관에는 신발장, 안방에는
장롱, 침실에는 최소한 서랍장이 배치된다.

현대 주거생활에서 가구는 주택의 한 부분이라는
인식이 굳어져 가고 있다.

붙박이장은 각 실의 사용자 나이와 성별에 따라
내부의 수납공간을 어떻게 배열할 것인지 디자인
한다. 또한 각 실의 평면적인 특성에 맞추어 수납
장의 개폐형식을 슬라이딩 타입으로 할 것인지,
여닫이로 할 것인지 결정한다.

사용 승인 단계

건축법상 건축주는 허가를 받았거나 신고를 한 건축물의
건축공사를 완료한 후, 그 건축물을 사용하기 전에 관할
행정기관에 완공한 사용해도 좋다는 사용승인을 신청하여야
한다. 사용 승인을 받지 아니하고는 건축물을 사용할 수 없는데
만일 이를 위반할 시에는 2년 이하의 징역 또는 1천 만원 이하의
벌금에 처하게 된다.

사용 승인을 신청할 때에는 건축이 설계대로 잘 건축되었는지
여부에 대하여 공사감리자(설계자)가 작성한 감리완료보고서를
첨부하고, 건축 중에 발생한 폐기물을 합법적으로 처리하였다는
것을 증명하는 건축폐기물 처리영수증을 폐기물 처리업체로부터
받아서 관할 행정기관에 함께 제출한다.

신고대상 주택인 경우는 건축지도원이, 허가대상 주택인
경우는 설계자(감리자)가 현장을 방문하여 설계도면대로
시공되었는지 여부와, 건축법에 저촉되는 것은 없는지, 보일러,
급수, 온수, 전기, 가스, 전화 등의 사용상 문제는 없는가를
검사하여 검사조서를 행정기관에 제출한다.

행정기관은 현장 방문을 통하여 건축이 신고된 설계대로 잘
지어진 것을 확인 한 후 사용승인신청 접수일로부터 7일 이내에
검사에 합격된 건축물에 대해서는 그 건축주에게
사용검사필증을 교부한다.

이러한 모든 과정이 끝나면 시공사는 건축물을 건축주에게
양도하고 건축주는 잔금을 지불한다.

〈건축물 인허가 및 사용 승인 현황〉

구분	인허가	준공
2010년	227,869동	182,807동
2011년	119,623동	186,186동
2012년	231,952동	190,383동
2013년	226,448동	186,996동
2014년	236,606동	198,957동
2015년	265,651동	203,394동
2016년	274,621동	207,382동
2017년	262,859동	204,103동
2018년	270,198동	205,919동
2019년	235,981동	196,991동
2020년	223,019동	179,684동

건축지도원

건축법령이나 처분에 위반하는 건축물이 생기는 것을 미리 예방하고 건축물을 법 규정에 따라 효율적으로 유지하고 관리하도록 지도하는 전문가를 말하는데 시장, 군수 또는 구청장이 건축직 공무원이나 건축에 학식과 지식이 많은 사람 중에서 지정한다.

건축지도원은 다음 중 어느 하나에 해당하는 사람 중에서 시장, 군수 또는 구청장이 임명 또는 지정한다.

1. 건축직렬의 공무원으로서 3년 이상의 경력이 있는 사람
2. 건축사 또는 건축 관련 분야의 기술사
3. 「건축사법」에 따른 건축사보로서 5년 이상의 경력이 있는 사람
4. 그 밖에 건축행정에 관한 업무종사자 및 경험이 있는 사람으로서 시장, 군수 또는 구청장이 지정하는 사람

《지방자치단체 건축조례 중에서 규정》

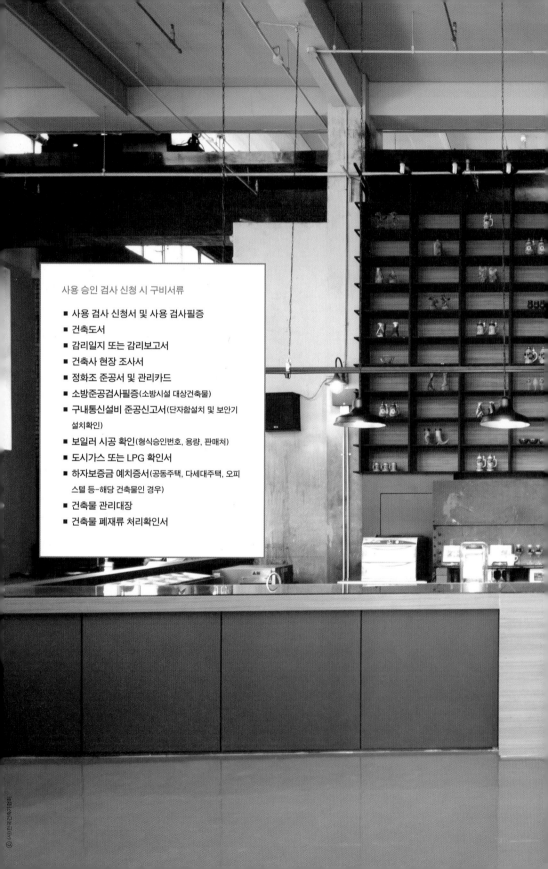

사용 승인 검사 신청 시 구비서류

- 사용 검사 신청서 및 사용 검사필증
- 건축도서
- 감리일지 또는 감리보고서
- 건축사 현장 조사서
- 정화조 준공서 및 관리카드
- 소방준공검사필증(소방시설 대상건축물)
- 구내통신설비 준공신고서(단자함설치 및 보안기 설치확인)
- 보일러 시공 확인(형식승인번호, 용량, 판매처)
- 도시가스 또는 LPG 확인서
- 하자보증금 예치증서(공동주택, 다세대주택, 오피스텔 등-해당 건축물인 경우)
- 건축물 관리대장
- 건축물 폐재류 처리확인서

03

우리나라 건축 현황

경기 불황과 함께 사양 산업으로 내리막길이라는 우려를 낳고 있는 건축 시장. 정말 사실일까.

건축시장의 2020년 주요특징을 살펴보면 다음과 같다.

첫째, 건축허가의 경우 전년대비 주거용 건축물의 허가, 착공면적은 증가했고, 준공 면적은 감소했다. 아파트의 허가면적은 소폭 증가했고, 다가구주택과 다세대주택 허가면적은 감소했다.

둘째, 상업용 건축물의 허가, 착공면적은 증가했으며, 준공 면적은 전년대비 살짝 감소했다. 건축 허가의 경우 공연장, 금융업소, 학원 등 제2종근린생활시설이 29.7%의 비율로 가장 많았고, 수퍼마켓, 이용원 등 주택가와 인접해 생활 편의를 도와주는 제1종근린생활시설도 21%의 비율로 허가를 받았다.

셋째, 30층 이상 고층 건축물의 허가면적이 전년대비 수도권은 25%, 지방은 8.7%가 감소했다.

넷째, 전년 동기 대비 아파트의 허가 및 착공

면적이 수도권은 상승, 지방은 감소했다.

　소유주체별 허가면적이 개인은 감소하였으나 법인, 국·공유 모두 증가하였다. 전년 동기대비 개인은 10.8% 감소, 법인과 국공유는 각각 12.1%, 24.2%가 증가하였다.

　즉, 경기 불황에도 불구하고 2010년이후 꾸준히 주거용 주택에 대한 건축주들의 소요는 지속적으로 증가하고 있으며, 특히 1인 가구가 늘어나는 현상에 따라 옵션이 포함되어 있는 오피스텔의 수요가 늘어나자 이를 면적 넓히기 등으로 보다 쾌적한 1인 생활을 즐기려는 이들을 타겟으로 삼은 건축업이 활성화 되고 있다는 것을 알 수 있다.

다가구주택

주택으로 쓰이는 층수가 3개 층 이하이고, 주택으로 쓰이는 바닥면적의 합계가 660㎡ 이하이며, 19세대 이하가 거주할 수 있는 주택으로서 공동주택에 해당하지 아니하는 것.

다세대주택

연면적 660평방미터 이하의 건물로서 19세대 이하의 각각 독립된 주거생활을 영위 할 수 있도록 세대별로 독립된 현관문, 부엌, 화장실, 침실을 갖춘 4층 이하의 공동주택.

연립주택

주택으로 쓰는 1개 동의 바닥 면적 합계가 660평방미터를 초과하고, 층수가 4층 이하인 주택.

〈2020년 우리나라 건축물 용도별 현황〉

구분	주거용	상업용	공업용	문교/사회용	기타	합계
동수	4,603,214동	1,315,091동	329,586동	198,775동	828,600동	7,275,266동
비율	63.3%	18.1%	4.5%	2.7%	11.4%	100%

〈2020년 주거용 건축물 준공 현황〉

구분	단독주택	다가구주택	아파트	연립주택	다세대주택	기타
동수	41,121동	7,203동	4,900동	617동	4,203동	1,119동
비율	69.5%	12.2%	8.3%	1%	7.1%	1.9%

건축 산업 인력 현황

우리나라의 전체 취업자 수는 23,185천 명으로 이 중 58.9%가 임금근로자고 나머지가 비임금근로자다. 전체 취업자 중 자영업자 비중은 25%로서 우리와 소득수준이 유사한 국가들과 비교하여 비임금 근로자, 그 중에서도 특히 자영업자 비중이 높은 특징을 갖는다.

이중 건설·제조 직종에 종사하는 취업자 수는 5,612천 명으로 전체 취업자의 24.2%를 차지한다. 건설·생산직 취업자의 고용형태상 특징은 임금근로자 비중(76.5%)이 매우 높다는 점인데, 이것은 자영업자 비중이 매우 낮은 데 주로 기인한다. 성별로 는 남성의 건설·제조직종 취업비중이 32.6%로서 여성의 12.7%에 비해 매우 높은 특징을 보인다. 이것은 건설·제조직종이 중공업, 첨단기술업종 등 남성친화적 업종을 중심으로 성장하는 반면, 기혼여성의 노동시장 참여를 활성화하는 파트타임, 재택근무 등 노동의 유연성이 높은 직종은 주로 서비스업종에서 발달하는 점과 관련되어 있다.

또 건축 건설업이 경제가 어려울 때에 빛을 발하는 산업이라는 점도 주목할 만하다. 건설 경기의 활성화가 곧 경제 부흥으로 이어질 것이라는 사고방식 때문이다. 우리나라에서 토건업이 차지하는 비중은 국민 총 생산의 25%, 건설업은 15%라고 한다. 토건업 자체의 특성상 워낙 많은 단계를 거쳐 가기 때문에 규모는 물론 인건비 등의 보수도 크게 책정할 수 있어 파급력이 크기 때문이다.

그러나 이런 사고방식은 경제를 부흥시키고자 국가에서 건설업을 담당하던 1980년의 발상으로, 오늘날 우리의 경제와는 잘 맞지 않는다.
오늘날에 위와 같은 토건업 사업을 벌인다면 경제 부흥은 잠시 반짝이는 섬광에 그치고 말 뿐, 그 효능과 지속적 관리 면에서는 부정적인 결과를 예상해야 한다.

따라서 일시적인 산업 부흥이 아니라 지속적인 고부가가치

산업으로서 건설업을 확대시키기 위해서는
건설 종사 인력의 전문성을 확보하고, 상업적인
규모에 연연하기 보다는 새로운 경제
패러다임에 맞은 인력을 양성, 사업을 추진해야
할 것이다. 급격한 성장 폭에 맞추어 인력을
마구잡이로 활용하고, 막대하게 편성된 예산이
있음에도 현장의 실무자들은 혜택과 동떨어져
있는 식의 산업구조는 개편되어야 할 것이다.
　또한 건설업의 종사자 규모가 많고 또
다양한지를 잘 알 수 있으나, 종사 업종과
규모에 따라 임금의 편차가 벌어지는 문제점도
엿보인다.

> 토건
>
> **토목 + 건축**
>
> 토목
>
> **목재, 철재, 석재, 흙, 시멘트 따위를 사용하여, 도로, 제방, 교량, 항만, 철도 등을 건설하고 유지보수하는 일**
>
> 건축
>
> **나무, 흙, 철재, 돌, 시멘트 등 다양한 재료를 사용하여 집이나 구조물을 만드는 일**

〈2019년 종합 건설업체 현황〉

토건	토목	건축	산업설비	조경	합계
3,110개소	2,599개소	7,664개소	398개소	1,462개소	13,050개소

〈2019년 국내 건설업 종사자 수〉

구분	건설업	종합건설업
종사자	1,709,505명	533,708명

*종합건설: 종합적인 계획, 관리 및 조정을 하면서 시설물을 시공하는 건설공사

Part Two

Who & What

모든 건축가는 반드시 훌륭한 시인이어야 한다. 그래서 자신이 살고 있는
시대에 대해 독창적인 해석을 할 수 있어야 한다.

-프랭크 로이드 라이트

예술적 능력

건축을 상업적 측면에서만 보자면
건축가에게 반드시 예술가의 자질이 필요한지
의문이 생길 수도 있다. 그러나 일반적으로
'건축가'라는 칭호는 예술가의 그것처럼
예술작품을 창조하는 사람에게 붙여지는
이름이다.

아주 오랜 옛날부터 건축가들은 자신만의
스타일로 건축물을 만들어 냈는데 위대한
건축물이라고 칭송 받는 작품들의 공통점을
살펴보면, 그들이 곁에서 우리의 일상과 함께
하는 동시에 우리에게 감동과 영감을 주는

역할도 담당하고 있었다는 점이다.

즉, 위대한 건축물은 마치 미술작품이나
음악작품처럼 보는 이로 하여금 감정의 풍요를
선사한다. 이러한 건축의 기능적 역할에
집중해본다면 건축가에게는 무엇보다 나른한
일상을 풍요롭게 하는 예술가적 자질이
요구된다.

또한 어쩌면 건축이야 말로 진정한 예술로서
이야기 되어야 하는지도 모른다. 듣기 싫음
음악은 치워버릴 수 있고, 보기 싫음 미술품은
가릴 수 있다. 그러나 어떤 식으로든 이미

만들어진 건축물은 다시 허물어질 때까지
사라지지 않는다. 즉 건축은 반드시 예술적으로
가치를 인정받을 만한 수준으로 세상에 나와야
모두에게 시각적, 정서적 공해를 안겨주지 않을
수 있다.

결과적으로 건축가란, 작품성이 있는 건물을
설계하며 자신만의 독창적인 아이디어로
창조적인 결과물을 만드는 이들이라고 할 수
있다. 이런 유형의 건축가들은 주로 소형
아틀리에에서 근무하며, 건축 잡지 또는
대중매체 등에 작품을 통해 거론되며 인정받게
된다.

그러나 대형 건설사에서 개인 건축가가 예술
활동을 하기란 쉽지 않다. 그곳은 각자의
업무가 분할되어 있으며, 모두 함께 하나의
프로젝트에 참여하는 단체 작업이라는
점에서는 소형 아뜰리에와 비슷하지만, 창조적
발상에 기인한 작품이 아닌 기획과 수주에 맞는
상품을 만드는 업무를 주로 담당하기 때문이다.
작품이냐, 상품이냐를 나누는 기준은 여전히
모호하지만, 글과 미술과 음악을 예술이라고
말할 때의 과정이 건축에도 녹아 있을 때
우리는 그 건축물의 창조자를 예술가로서
건축가라고 말할 수 있을 것이다.

프랭크 로이드 라이트

미국의 위대한 건축가 프랭크 로이드 라이트(Frank Lloyd Wright, 1867~1959)는 르 꼬르뷔제(Le Corbusier), 미스 반 데 로에(Mies van der Rohe)와 더불어 근대건축에 있어서 세계 3대 거장(Master)의 한 사람이다. 그는 70년이 넘는 긴 세월을 통하여 이 시대의 예술과 건축을 헌신적으로 발전시키고 이끌어왔다.

공학적 능력

건축가의 기본적인 자질이 예술가로부터
출발해야 한다면, 건축의 그 다음 과정에서
반드시 요구되는 자질이 바로 공학도적
사고력이다. 이 공학도적 사고라는 것은
건축물의 구조에 대한 이해력과 관련이 있다.

건축은 스케치와 아이디어에서 완성되지
않는다. 아이디어가 생기고, 설계를 한 다음엔
사람의 뼈대와 같은 구조물을 짓는 과정을
시작하며 이후 여러 가지 부자재로 살을 채워
나간다. 즉 복잡 다양한 과정을 순서대로
이행해야 하는 작업을 처음의 아이디어
단계부터 생각할 수 있어야 한다. 구조물에
가해지는 자중, 적재, 하중, 눈, 바람, 지진, 토압,
수압 등 외부의 압력이 가해졌을 때 구조물이
변형되거나 붕괴되지 않도록 사전에 구조에
대한 체득적인 이해가 필요한 것이다.

공학도적 자질은 구조물의 질서와도 연관이
있다. 즉 구조가 서로 질서있게 맞물려
건축물의 안전성을 보장할 수 있을 때 우리는
건축이 공학적으로 또한 구조적으로
완성되었다고 말할 수 있다.

이러한 공학도적 자질은 건축학과의
교과과정에도 반영되어 있다. 아무리 건축이
창조적인 예술의 영역이라고 해도 구조의
이해가 없다면 결코 완성될 수 없기 때문이다.
주로 설계과목으로 처리되고 있다. 구조공학은
건물의 구조 원리는 다루는 과목들로 일반
구조학, 역학, 콘크리트 공학, 철골공학 등의
과목으로 나뉘어 건축학과 2학년부터
5학년까지 실제 설계를 하면서 종합적인
응용과 사고력을 키워나가게 된다.

수학적 능력

건축이 예술과 공학적 자질을 차례로 요구한다고 했을 때
최종적으로 요구되는 마지막 하나의 자질은 수학적 사고력이다.
건축이 아무리 예술가적 자질이 중요하다고 한다 해도 그림을 잘
그리는 것만으로는 해결할 수 없는 문제들이 있다. 또 건축이
아무리 공학도적 사고력을 요하는 장르라고 해도 건물의 구성과
재료의 배합만을 설계해서는 최종 완성 단계에 이를 수 없다.
건축공학에 관련된 책을 보면 한 페이지 가득 행렬 문제를 풀도록
하고 있다. 하나의 밧줄이 다리의 무게를 어디까지 견디는지, 그
밧줄의 모양은 어떻게 생겨야 하는 지등을 미분을 통해
풀어나가도록 요구하기도 한다. 왜 일까.

건축물은 길거리에 덩그러니 놓인 조형작품이 아니다. 하루
24시간 동안 우리가 건축과 무관하게 있을 수 있는 순간은
단언컨대 단 1초도 존재하지 않는다. 우리는 어떤식으로는
건축과 관계를 맺는다. 거리를 걸으며, 커피숍에서 커피를
사마시고, 학교를 가거나, 헬스장에 간다. 집에서 휴식을 취할
때조차 건축은 우리와 함께하고 있다. 따라서 건축에서 오차란
이러한 평범한 일상을 무너뜨리는 중대한 잘못이 될 수도 있다.
아파트의 소음을 방지하기 위해 아파트와 도로 간의 거리를
어떻게 조절했을 때 가장 소음이 줄어드는지를 계산하고, 채광의
각도를 계산해 가장 쾌적한 생활 환경을 만들어야 하며, 습도와
풍량을 계산해 누수나 결로, 바람이 들고 나는 장소를 방지하거나
마련해야 하는 등 건축은 치밀한 수학적 계산 위에 비로소 우리
곁에 평온한 일상을 제공해줄 수 있다.

위의 세 가지 자질은 모두 작품에 몰두하여 성공한 건축가가
되기 위한 자질이다. 그러나 이 외에 또 하나 건축가에게 반드시
필요한 자질이 있다. 바로 도덕적인 판단력이다. 지난 1994년
10월 서울에서는 비극적인 건축 사고가 있었다. 서울의 한강을

아름답게 비추던 성수대교가 무너지는 사고였다. 이 사고로
수많은 사람들이 가족을, 친구를 잃었다. 과적차량의 통과를
묵인하거나, 부실점검도 문제가 되었지만 무엇보다 교량을
트러스트라는 연결 이음새가 시간이 지나면 부식해 변형된다는
계산이 있음에도 이를 위한 책임 있는 개선 제안이 없었고, 다리
위에 가해지는 압력을 분산 시키는 이음새도 불량이 있었다.

이 사고는 당시 건설업계에도 큰 타격을 주었을 뿐만 아니라,
국가 이미지 또한 크게 실추되는 불행한 사고로 기억되고 있다.

건축가에게 비양심과 실수란 용납되지 않는다. 아주 잠깐의
실수가, 단 한 순간의 방심이 생명을 앗아가는 사고로 연결될 수
있기 때문이다. 물론 모든 책임을 건축가에게 떠넘길 수 없는
비극적 사고이지만, 그가 예술가라면, 공학자라면, 수학자라면
피해갔을 생명에의 무게가 그 모든 역량을 필요로 하는
건축가에게는 비껴가지 않는다는 것을 적어도 건축가 자신은
명심해야 할 것이다.

이에 건축사의 윤리 선언서를 첨부한다. 건축물의 도덕적이고
양심적인 모습이 인류 사회를 위해 공헌할 수 있도록 힘써야
한다는 윤리 선언서의 이야기가 많은 이들에게 울림으로 닿길
바란다.

건축사 윤리 선언서

1. 건축사는 지구환경을 보존하고, 사회공동체의 삶의 질을 향상시키도록 노력한다.

2. 건축사는 전문지식과 기술을 끊임없이 배우고 익히며, 건축문화 창달과 건축교육 발전에 기여한다.

3. 건축사는 공공사회 발전에 기여하며 법규를 준수한다.

4. 건축사는 자신의 전문지식과 능력을 발휘하여 정당한 방법으로 수탁하고 문서로 계약한 업무에 대하여 책임과 의무를 이행한다.

5. 건축사는 명예를 존중하고 의뢰인과의 신뢰를 유지하며 의뢰 내용을 존중한다.

6. 건축사는 정직하게 업무를 수행하며 동료 건축사의 수임업무와 지식재산을 존중한다.

7. 건축사는 인종 · 종교 · 장애 등 사회의 여러 여건에 대해서 공정한 입장에서 업무를 성실히 수행한다.

8. 건축사는 정당하게 사무소를 운영하며, 적정한 실무수련 여건을 마련하고 유지한다.

건축사법에 따라 건축사의 건전한 육성과 건축설계 및 공사감리의 품질을 보장하기 위한 건축사의 업무범위는 대략 다음과 같다.

설계 업무

- 기획업무
- 건축설계업무 : 계획설계, 중간설계, 실시설계
- 사후설계관리업무
- 발주자의 요청이 있을 경우 : 리모델링 설계, 인테리어 설계, 음향, 차음 · 방음, 방진설계업무, 3D 모델링업무모형제작업, VE(Value Engineering)설계에 따른 업무, Fast track 설계방식 업무, 흙막이 상세도 작성업무(굴토깊이 10m이상), 상세시공도서 작성, 각종 심의 대응 업무, BIM(Building Information Modeling) 설계업무, 건축법 제65조에 따른 친환경건축물의 인증 관련 설계업무, 건축법 제65조의2에 따른 지능형건축물(IBS)의 인증 관련 설계 업무, 건축법 제66조의2에 따른 건축물의 에너지효율등급 인증 설계 업무.

공사 감리 업무

■ 건축법 시행령 제19조 제5항의 규정에
따라서 수시 또는 필요한 때 공사현장에서 수행
하는 감리업무.
■ 건축법 시행령 제19조 제5항 각 호의 규정에
따라서 건축사보로 하여금 공사기간 동안
공사현장에서 수행하는 감리업무.
■ 다중이용건축물, 아파트 및 기타 건축물로서
건축주의 요청으로 수행하는 책임감리 업무.
■ 건축주의 요청이 있을 경우 : 건축물의
사후관리 매뉴얼 작성, 건축물의 사후평가,
건설기술관리법 제2조 제6호의 규정에 따른
설계 감리 업무.

외국 건축사 자격자

외국의 건축사 면허 또는 자격을 가진 사람은 대
통령령으로 정하는 바에 따라 건축사사무소개설
자와 공동으로 건축물의 설계·공사감리 업무를
수임(受任)하는 경우에만 건축사업을 할 수 있
다. 이 경우 외국의 건축사 면허 또는 자격을 가
진 사람은 국토교통부령으로 정하는 바에 따라
국토교통부장관에게 신고하여야 한다. (건축사
법 제23조 제3항)

건설 사업 관리(CM) 업무

건설사업관리란 건설공사의 기획, 타당성조사, 분석, 설계, 조달, 계약, 시공관리, 감리, 평가, 사후관리 등 관리업무의 전부 또는 일부를 맡아서 수행하는 것을 말한다.

건설공사는 전문적이고 복잡한 일이어서 일정규모 이상의 건축물은 건축주가 관리할 수 없다. 그래서 건축주를 대신해서 이 공사 일체를 맡아서 해주는 일이 필요하여 법으로 제도화하였다.

흔히 CM이라 부른다. 건축주는 이러한 서비스를 받으면 품질을 향상시킬 수 있고, 공사비와 공사기간을 단축하여 이득을 얻는다.

건축, 부동산분야의 지식서비스사업으로 근래에 개발된 것이다. 건축재료, 건축기술, 건축물규모의 확대, 해외건설, 건축 장비의 발달 등 건축 환경이 진보하면서 생겨난 사업 분야다. 건설업에 종사하여 경험이 있는 자들이 모여서 이러한 CM회사를 만들어 경영한다. 관계법은 건설산업기본법 및 건설기술관리법이다.

도시 관리 계획 업무

도시관리 계획에는 지구단위계획, 주택재건축 또는 도시환경
정비사업을 위한 계획, 공원 계획 등이 있다.

지구단위계획은 유사한 제도의 중복운영에 따른 혼선과
불편을 해소하기 위하여 종전의 도시계획법에 의한 상세계획과
건축법에 의한 도시설계제도를 도시계획체계로 흡수, 통합한
것이며, 이 중 제2종 지구단위계획은 비도시지역의 난개발
문제를 해소하고 계획적이고 체계적으로 관리하기 위하여
국토이용관리법과 도시계획법을 국토의 계획 및 이용에 관한
법률로 통합하면서 도입한 제도다.

지구단위계획은 기반시설의 배치와 규모, 가구 및 획지의
규모와 조성계획, 건축물의 용도, 건폐율, 용적률, 높이,
교통처리계획 등의 내용을 포함하여 수립한다.
지구단위계획구역에서 대지면적의 일부를 도로, 공원 등
공공시설 부지로 제공(기부채납하거나 공공시설로 귀속하는 경우
포함)하면, 건축법에 따른 공개공지 또는 공개공간의 의무면적을
초과하여 설치한 경우 등은 지구단위계획으로 해당 대지의
건축물 건폐율, 용적률, 높이를 완화하여 적용할 수 있다.
지구단위계획은 도시 관리계획으로 결정하며 지정목적과 수립
대상지역에 따라 제1종 지구단위계획과 제2종 지구단위계획으로
구분한다.

> **지구 단위 계획이란?**
>
> 도시계획 수립 대상지역의
> 일부에 대하여 토지 이용을
> 합리화하고 그 기능을 증진
> 시키며 미관을 개선하고 양
> 호한 환경을 확보하며, 그
> 지역을 체계적 · 계획적으
> 로 관리하기 위하여 수립
> 하는 도시관리 계획을 말한
> 다.

주택재건축사업의 절차는 다음과 같다.

- 도시주거환경정비기본계획수립
- 정비계획수립 및 정비구역지정
- 조합설립추진위원회 구성 및 승인
- 조합 설립 인가
- 시행자 지정
- 사업 시행 인가
- 분양신청 및 관리처분계획 인가
- 착공 및 일반분양
- 준공인가 및 사업완료

주택재건축사업을 시행하기 위한 정비계획의 수립 및 정비구역의 지정 절차는 주택재개발사업 등 타 정비사업과 동일하며, 마찬가지로 주택재건축사업 정비구역 지정 요건은 『도시 및 주거환경정비법』 시행령 별표 1(정비계획수립대상구역)에 규정되어있다. 또한 마찬가지로 정비구역으로 지정된 경우에는 1종지구단위계획구역으로 지정된 것으로 본다.

다만, 주택재건축 사업의 경우에는 지정 요건이 되지 않아 정비구역으로 지정되지 않은 곳에 대해서도 사업시행이 가능한 경우를 규정하고 있으며, 주택재건축사업의 부작용을 막기 위해 시장·군수 구청장이 안전진단 결과와 도시계획 및 지역여건 등을 종합적으로 검토하여 사업의 시행여부를 결정하도록 하며 시·도지사가 검토결과에 따라 시장·군수에게 재건축사업 시행결정의 취소 등 필요한 조치를 요청할 수 있도록 하고 있다.

주택재건축사업은 조합이 이를 시행하거나 조합이 조합원 과반수의 동의를 얻어 시장·군수 또는 주택공사 등과 공동으로 이를 시행할 수 있으며, 시행 방법은 정비구역안 또는 정비구역이 아닌 구역에서 인가받은 관리처분계획에 따라 공동주택 및

부대·복리시설을 건설하여 공급하는 방법에
의한다.

주택재건축사업의 추진위원회가 조합을
설립하고자 하는 때에는 주택단지안의
공동주택의 각 동(복리시설의 경우에는
주택단지안의 복리시설 전체를 하나의 동으로
본다)별 구분소유자 및 의결권의 각 3분의 2
이상의 동의(공동주택의 각 동별 세대수가 5
이하인 경우는 제외)와 주택단지안의 전체
구분소유자 및 의결권의 각 4분의 3 이상의
동의를 얻어 정관 및 규정된 서류를 첨부하여
시장·군수의 인가를 받아야 한다.

주택재건축사업조합은 사업시행인가를 받은
다음 경쟁입찰 방식을 통해 건설업자 또는
등록사업자를 시공자로 선정하여야 한다.

또한 사업시행자는 주택재건축사업을
시행함에 있어 조합 설립의 동의를 하지 아니한
자(건축물 또는 토지만 소유한 자를 포함)의 토지
및 건축물에 대하여는『집합건물의 소유 및
관리에 관한법률』의 규정을 준용하여
매도청구를 할 수 있다.

재건축과 주택 가격 상승에 관한 규정

『재건축 초과이익 환수에 관한 법률』에 의해 정
상주택가격상승분을 초과하여 당해 재건축조합
또는 조합원에 귀속되는 주택가액의 증가분에
대해 재건축부담금을 징수하여 국민 주택기금에
100분의 50, 당해 특별시·광역시·도·제주특
별자치도에 100분의 20이, 당해 시·군·구(자치
구)에 100분의 30이 각각 귀속하도록 규정하고
있다.

발주자로부터 요청을 받아 업무 수행

- 건축물의 조사 또는 감정에 관한 업무
- 건축물의 현장 조사 및 검사 등에 관한 업무
- 건축공사 준공도서를 작성하는 업무
- 종합계획도 작성업무
- 건축공사 사업타당성 분석업무
- 건축물의 수명비용 분석 업무
- 건축물의 분양관련 지원업무
- 기타 건축사가 참여하는 업무

기타 조사·기획 업무

건축주의 의뢰에 따라 새로운 건축물을 구상하는 한편 다양한
조사·기획 업무를 수행한다.

- 부지 선정을 위한 대지분석 및 조사연구, 기획
- 건축계획 및 재원 확정을 위한 조사연구, 기획
- 공사비 예산 확정을 위한 조사연구
- 환경영향에 관한 조사연구
- 건설공정을 위한 프로그램 개발 등

이외에도 각종 인허가 및 검사 관련 업무를 건축주와 상의해
행정관서를 대신하기도 한다. 이러한 행정 서류 업무에는
건축허가신청, 수도권 미관 심의, 중간 검사 기타 심의 업무 등이
포함된다.

또한 공사 현장에서도 건축사는 할 일이 남아 있다. 건축사는
건축주를 도와 건축공사계약과 관련한 업무를 현장에서
지휘하며 설계의 내용과 건축물을 잘 비교하며 건축 과정에
참여해야 한다. 또 시공자 선정 및 공사조건 등에 관한 조언을
비롯해 공사비 지불 심사 및 승인에 관여하며 시공계획을
검토하여 건축주 및 시공자에게 조언하는 업무를 수행하는 등
건축사는 단순히 책상 앞에 앉아 아이디어만을 짜내는
예술가로서 고고함을 지킬 수만은 없는 고달픈 직업이기도 하다.

건축사와 건축사보

'건축사보'란 건축사사무소에 소속되어 건축사의 업무를 보조하는 사람 중 다음에 해당하는 사람으로서 국토교통부장관에게 신고한 사람을 말한다.

가. 제13조에 따른 실무수련을 받고 있거나 받은 사람
나. 「국가기술자격법」에 따라 건설, 전기·전자, 기계, 화학, 재료, 정보통신, 환경·에너지, 안전관리, 그 밖에 대통령령으로 정하는 분야의 기사(技士) 또는 산업기사 자격을 취득한 사람

건축사법 제13조에 따른 실무수련

『건축사 자격시험에 응시하기 위하여 정부에서 인정한 건축사사무소에서 3년 이상 건축에 관한 실제 업무에 종사하는 것을 말하는데 이 과정을 거쳐야만 건축사 자격시험에 응시할 자격이 생긴다.
그런데 이 실무수련은 아무나 하는 것이 아니고 다음 중 어느 하나에 해당하는 사람만이 할 수 있다.

■ 5년 이상의 건축학 학위과정을 개설하고 정부로부터 인증 받은 대학에서 해당 과정을 8학기 이상 이수한 사람
■ 건축학 학위과정을 개설하고 정부로부터 인증 받은 대학원에서 해당 과정을 졸업한 사람
■ 건축사 예비시험에 합격한 사람(2019년까지만 가능)
〈실무수련을 받으려는 사람은 국토교통부장관에게 신고하여야 한다〉

〈건축사보의 등급〉

등급	국가전문 기술자격자	건축사 예비시험 합격자	실무수련자 (5년제 인증 대학교)
건축사보(특급)	기사(10년 이상) 산업기사(13년 이상)	10년 이상	실무수련(9년 이상)
건축사보(고급)	기사(7년 이상) 산업기사(10년 이상)	7년 이상	실무수련(6년 이상)
건축사보(중급)	기사(4년 이상) 산업기사(7년 이상)	4년 이상	실무수련(3년 이상)
건축사보(초급)	기사 산업기사	합격자	실무수련

개인 건축사무소 운영(아뜰리에)

건축의 설계나 공사 관리 또는 건축에 관한 조사 감정 등을
하는 사무소를 건축 사무소라고 하며, 우리나라에서는 개인
사무소, 아뜰리에 등으로 부르기도 한다.

건축사무소는 건축사가 보수를 받고 건축물의 설계 또는 공사
관리를 하는 업무를 진행해 나간다.

건축사무소를 일반적인 직장 분류에 비교하자면, '벤처기업'
혹은 '중소기업'에 해당하는 곳이라고 할 수 있다. 아뜰리에의
건축가들은 대규모 설계 사무소나 건설사에 비해 실험적인
작업들을 통해 자신들의 아이덴티티를 발산하고 창작하기 위해
노력한다.

아뜰리에에서 이루어지는 설계 작업은 단순히 건물을 짓는

© Jacob Lund

목적만이 아닌 그 이상의 것, 즉 자신의
작품이자 정체성과 연관 짓은 일종의 예술 창작
활동으로 보아야 한다.

대부분의 아뜰리에는 소규모로 운영되며,
적은 인원이 건축 설계의 전반적인 부분을 모두
감당해야 하기 때문에 설계 및 시공 등의
총체적 과정에 있어 보다 많은 것을 배울 수
있다.

특히 아뜰리에서 함께 작업하며 익힌
예술로서의 건축, 예술가로서의 역량은 후일
자신의 개인 사무소를 운영할 계획을 가지고
있는 사람에게는 큰 도움이 될 수 있다.
아뜰리에의 건축사들은 건축물의 기능적인
측면뿐만 아니라 미학적 부분도 고려한 설계를
하기 때문에 어떤 측면에서 보면 건축사로서의
자아실현, 즉 건축에 대한 자신의 꿈을
이루고자 하는 목표를 가지고 있다고 할 수
있다.

하지만 설계 프로젝트를 직접 수주 받아야
하기 때문에 경제적으로 다소 불안정할 수
있다.

건축·건설·설계 회사 입사

    대형 설계 사무소 혹은 건설사에 입사할 경우 구조화된 체계에 의해 진행되는 설계 작업에 임하게 된다. 팀 별, 부서 별로 설계 단계 혹은 설계 파트가 정해져 있으며 정해진 단계나 부분에 대한 설계를 진행하게 된다.

    경우에 따라 아뜰리에와 유사한 형식의 유기적인 구조로 이루어진 프로젝트 팀들로 구성되어 있는 대형 설계회사도 존재한다. 그러나 대부분의 경우 개개인이 전체 설계에서 맡을 수 있는 부분은 대단히 한정되는 편이다.

    아뜰리에에 비해 설계를 수주 받는 규모가 크고 지속적이기 때문에 비교적 안정적이라 하겠다.

04 건축사무소의 구조와 업무 형태

건축사무소의 개념

건축사가 건축사의 업무를 하고자 할 때에는 건축사사무소 개설을 국토교통부장관에게 신고하여야 한다. 건축사사무소에는 건축사의 업무를 보조하는 건축사 및 건축사보를 둘 수 있다.

외국의 건축사면허 또는 자격을 가진 자는 대통령령이 정하는 바에 의하여 건축사사무소개설자와 공동으로 건축물의 설계·공사감리업무를 수임하는 경우에 한하여 건축사업무를 수행할 수 있다.

이 경우 외국의 건축사면허 또는 자격을 가진 자는 국토교통부령이 정하는 바에 의하여 국토교통부장관에게 신고하여야 한다.

건축사사무소의 명칭에는 '건축사사무소'라는 용어를 사용하도록 법으로 규정하고 있다.

건축사무소 구성

보통 건축사무소는 크게 설계업무를
담당하는 팀과 감리 업무, 경영기획 업무를
보는 팀으로 나누어져 있지만 소형
건축사무소는 이와 같은 여러 가지 업무를
소수의 직원이 복합적으로 담당하는 경우가
많다.

한 중형 건축사무소의 인력 구성표를 참고해
설명하자면, 건축사무소의 대표이자 고문 및
임원들이 존재한다. 그리고 설계 업무를 디자인,
설계, 복합설계, 전략사업, 주거설계, 해외 사업
본부 등의 명칭이 있는 팀과 파트에서 나누어
담당하게 된다. 또 건설사업과 관련한 CM, CP
팀이 각각 하부에 전략기획, 수주전략,
기술운영, CM 기술, CR그룹, 개발기획 등으로
나눈 팀을 보유하여 각자의 업무를 담당한다.

경우에 따라서 기술연구소를 따로 설치해
품질 기획, 견적, 친환경 연구, BIM 설계, IT
개발 등 각종 편의와 미래적인 가치들을
구현하기 위해 힘쓴다.

끝으로 건축사무소의 운영 관리와 경영을
돕는 행정업무를 담당하는 부서 기획, 전략경영,
재경실, 경영지원실 등을 운영하기도 한다.

건축 사업 기획 및 전략 수립 업무

국내외 건축주들의 보유 대지를 최적화하기 위해 대지를 조사하고, 사업 기획, 사업 타당성 분석, 시장조사, 규모 검토 등을 하며 이를 위한 인·허가 및 개발 방안에 대해 종합적인 정보를 제공하는 업무를 담당한다.

먼저 개발 사업을 구상하는 단계에서는 부지를 분석해 사업이 가능한 대상지를 선정하며, 건축주의 사업 요구에 맞춰 이를 개선 또는 연구 개발하는 작업을 한다.

사업 기획 및 타당성을 분석하는 작업이란 대상지에 최적화된 건축물의 규모를 검토하고, 총 사업비와 공사비를 계산하는 것으로 건축주의 의사결정을 돕는다.

끝으로 이를 사업화하는 사업화 계획이란, 지금까지의 계획이 구체적인 사업이 될 수 있도록 사업의 구도와 일정을 세워 개발 방향을 제시해주는 작업을 말한다.

건축 설계 업무

건축 설계는 기획설계, 계획설계, 기본설계, 실시설계,
인테리어 설계 등으로 작업을 세분화하여 진행한다.

■ 기획설계
프로젝트의 예산, 일정과 비교해 대지의 잠재된 역량을 평가한 뒤
디자인의 방향을 제시하는 최초 설계 작업이다. 논리적이고
명확한 판단력이 요구되며 프로젝트의 기본틀을 마련하는
작업이다.

■ 계획설계
프로젝트의 일반적인 조건들, 개념설계, 구성요소와 규모 및
관계를 설정하는 작업을 수행한다. 건물의 기능, 규모, 형태, 구조,
재료 등 건물 자체에 대한 종합적인 방안을 수립해 건축주에게
이를 전달, 이해와 승인을 받아내는 업무를 한다.

■ 기본설계
계획설계에서 설정된 기본 구상이 실시 설계에 반영되도록

프로젝트의 중요 내용을 정의하고 설명해 준비하는 업무를
수행한다. 즉, 계획설계 단계에서 발견한 문제점들을 해결하는
것은 물론 기본적인 시스템을 완성하고, 기본 설계도서를 완성해
프로젝트의 크기와 성격을 규정한다.

■ 실시설계
기본설계에서 결정된 사항들이 실제 시공이 가능하도록
구체적인 도면을 만드는 일을 한다. 건축주에게 프로젝트의
내용을 잘 전달해야 하며, 건축주와 시공자간의 역할도 조정해야
하고, 공사에 관련된 모든 사항을 시공자에게 전달해 공사에
착수할 수 있는 기간과 비용에 대한 근거자료를 마련해야 한다.

■ 인테리어설계
건축물에 생명력을 불어넣고 상상력을 부여하는 작업이다.
공간디자인으로 건축물의 가치를 높이고, 극대화해 색채, 재료
계획, 조명 및 가구까지 모든 점을 고려해 건축주의 만족을
이끌어낼 수 있어야 한다.

도시 설계 업무

도시설계 업무에서는 크게 광역도시계획, 도시기본계획, 도시관리계획, 지구단위계획, 마스터플랜 업무를 담당한다.

■ 광역도시계획

도시이용과 도시기능을 통합적으로 관리하기 위해 인접한 2개 이상의 도시에 장기적인 발전방향을 제시하는 업무이다. 이는 곧 도시성장과 발전과 밀접한 영향을 맺는다.

■ 도시기본계획

도시가 지향해야 할 바람직한 미래상과 장기적인 발전방향을 제시하는 정책계획을 수립하는 업무이다.

■ 도시관리계획

용도지역과 지구, 도시계획시설의 변경 및 결정에 관한 사항을 관리해 도시제반기능을 조화롭게 가꾸고, 편안하고 안전한 주민 생활과 토지를 개선시키는 등 도시의 지속적인 발전 가능성을 도모하기 위해 세우는 법정계획

업무이다.

■ 지구단위계획
도시의 특정한 구역을 대상으로 도시기반 및 공공시설과
민간시설 등에 대한 계획을 수립하는 업무이다.

■ 마스터플랜 업무
주거, 산업, 관광단지와 신도시 개발 등 대규모 대지이용이나
대형복합시설 등의 계획이 수립되었을 때 토지와 시설을 어떻게
이용할 것인지 장기적인 계획을 수립하는 업무이다.

CM · 감리 업무

■ CM
앞서 잠시 설명한 바 있지만, 건설 사업의 기획,
설계, 발주, 시공, 유지보수에 이르는 전반적인
건설 사업 또는 일부를 건축주의 대리인으로서
원가를 절감시키거나, 공정단축, 품질확보를
위해 통합관리하는 관리 업무이다.

■ 감리업무
건축물, 건축설비 등이 설계도서의 내용대로
시공되는지를 확인해 품질관리, 공사관리,
안전관리를 실시해 지도, 감독하는 업무이다.

근무 환경

건축사는 어디서 근무하느냐에 따라 조금씩 맡은 업무가 다를
수 있지만, 대체적으로 많은 업무량에 시달리는 직종 중
하나이다.

최근 매스컴을 통해 건축가의 화려한 면모가 많이 부각되고
있지만 사실 우리나라에서 건축업에 종사하는 이들의 대부분은
매스컴에 비춰지는 아티스트 건축가로서의 활동보다는, 여느
회사원들과 다를 것 없이 회사에 출근해 기한 내에 맡겨진
프로젝트를 마무리하는 작업자로서의 모습이 더 현실적이다.

물론 개인 작품 활동을 하는 소형 아뜰리에 운영자들도 있지만
이들의 일상도 고단하지 않은 것은 아니다. 대학교의 건축 관련
학과에만 가보아도 그 고단함을 쉽게 짐작할 수 있다. 학생들은

5년 동안 설계실에서 늘 작업을 하고 있다. 설계실에서 자고 먹으며 재학 중에 최대한 많은 아이디어를 생각하고 역량을 키혀내기 위해 늘상 분주한 것이다.

건축가가 되면 좀 다르려나 싶지만 졸업 후에는 3년 동안 정부에서 인증된 건축사무소에서 실무를 배우며 현장 경험을 익혀야 한다. 다른 전공보다 1년을 더 보태어 전문가를 양성한다는 건축학과를 졸업하고도 또 3년의 세월을 보내야만 비로소 건축 실무를 조금 알 수 있다는 의미로, 이 때 비로소 건축사 자격시험에 응시할 수 있는 기회를 준다.

이처럼 건축가로서의 활동은 안일한 마음가짐으로는 도저히 버텨낼 수 없는 인내와 노력이 요구되는 활동이다. 그러나 너무 겁을 먹을 필요는 없다. 하고자 하는 열정과 재능이 겸비되어 있다면 서서히 축소되고 있는 국·공유 건설업 시장 시대를 지나 예술가로서 건축가, 예술로서의 건축을 장려하는 사회 분위기가 곧 재능 있는 건축가들의 활발한 활동을 필요로 하는 시대가 곧 다가올 예정이기 때문이다.

따라서 건축가가 되기로 마음먹었다면 자신의 재능과 적성을 잘 파악한 뒤 전문가로서의 사회적 입지를 돈독히 하겠다는 생각을 가지고 훌륭한 건축 작품으로 한국의 위대한 건축가가 될 수 있도록 역량을 키워나가야 할 것이다.

수입 및 연봉

건축사들이 계산하는 기본적인 임금은 다음과 같다. 그러나 개인의 역량에 따라 그리고 회사의 규모나 직위에 따라 건축사들이 받는 실질적 임금은 많이 다르다는 것을 염두에 두어야 한다.

따라서 아래의 노임단가는 자격이나 등급에 따라 계산되는 일반적 기준으로 참고해야 할 것이다.

〈2021년 건축사(보) 분류 및 노임단가〉

등급	노임단가	국가전문 기술자격자	건축사 예비시험 합격자	실무수련자 (5년제 인증 대학교)	기타 학력자
건축사	371,891원	국가전문자격자	-	-	-
건축사보 (특급)	292,249원	기사(10년 이상) 산업기사(13년 이상)	10년 이상	실무수련 (9년 이상)	-
건축사보 (고급)	242,055원	기사(7년 이상) 산업기사(10년 이상)	7년 이상	실무수련 (6년 이상)	-
건축사보 (중급)	220,497원	기사(4년 이상) 산업기사(7년 이상)	4년 이상	실무수련 (3년 이상)	-
건축사보 (초급)	172,529원	기사 산업기사	합격자	실무수련	전문 분야의 석사,학사,전문학사 (경력 3년 이상)

*노임단가 1일 8시간 기준

Part Three

Get a Job

01

건축사 시험

건축사가 되는 방법은 2019년을 기점으로 하여 크게 달라진다.

2019년까지는 두 가지 방식의 길이 있는데 하나는 '건축사 예비시험'을 통과한 뒤 5년(5년제 건축학과 졸업생은 4년) 동안의 실무 경력을 쌓은 후 건축사 자격시험을 보는 것이고, 또 하나는 5년제 건축학과를 졸업하고 정부에서 인증한 건축사무소에서 3년 이상 실무경력을 쌓은 후 건축사 자격시험에 합격하면 건축사가 된다.

그러나 2020년부터는 건축사 예비시험 제도가 없어지기 때문에 인증 받은 대학 5년제 건축학과를 졸업한 뒤 3년 이상의 실무 경력을 쌓아야 건축사 시험에 응시할 수 있다. 즉 2019년까지는 대학, 전문대, 고등학교를 졸업하고도 일정 기간

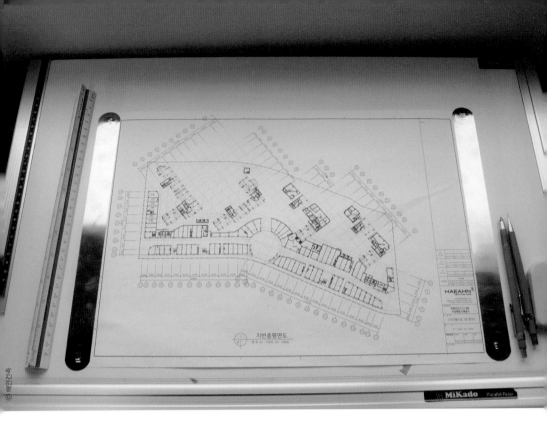

이상 건축 실무에 종사하고 건축사 예비시험에 합격하면
건축사가 될 수 있는 기회가 주어지지만 2020년부터는 5년제
건축학과를 졸업하고 건축사무소에서 실무경력을 쌓아야지만
건축사가 될 수 있다는 점이 다르다.

　2020년부터 건축사 예비시험이 폐지되지만, 2019년까지
건축사 예비시험에 합격한 사람은 2026년까지 건축사
자격시험에 응시할 수 있다. 5년제 건축학과 졸업생이 아닌
건축사 예비시험 합격자가 2026년까지 건축사 자격시험에
합격하지 못하면 2027년부터 건축사 자격시험에 응시할 수 없다.

〈실무수련 과목과 수련 영역별 최소 수련일수〉

수련 영역	수련 과목	수련 항목	최소 수련일수
설계	가. 기획	-프로그램 기획 -대지 및 주변 분석	365일 이상
	나. 계획설계 및 중간설계	-관련 법규 검토 -계획설계 -공사비 계산 -구조 및 설비계획 -중간설계	
	다. 실기설계2	-실기설계 -설계설명서 및 재료검토 -설계도서의 검토와 조정	
공사관리	가. 공사단계별 관리	-감리계획 및 공사계약 -사후 설계 관리 -공사 감리	80일 이상
	나. 프로젝트 관리	-프로젝트 관리	
기타	가. 사무소 관리	-사무소 관리	20일 이상
	나. 관련 활동	-직능 관련 활동	
계		-	465일 이상

건축사 자격시험

건축사 자격은 국가전문자격증으로 대한건축사협회에서 위임을 받아 매년 건축사 자격시험을 시행하는데 5년제 건축학과를 졸업하고 법령으로 정한 건축사무소에서 3년 이상의 실무경력을 갖춘 사람들이 응시할 수 있다.

또한 고등학교 건축과나 전문대 또는 4년제 대학 건축학과를 졸업하고 건축사 예비시험에 합격한 뒤 5년 이상의 실무경력을 갖추면 건축사 자격시험 특별전형에 응시하여 건축사가 될 수 있다. 이런 특별전형은 건축사법 개정으로 인한 과도기적인 조치로 2026년까지만 시행되고 그 이후에는 없어진다.

> **법령으로 정한 건축사무소**
>
> "대통령령으로 정하는 건축사사무소"란 건축사법 제23조에 따라 건축사사무소 개설신고를 하고 건축사업을 하고 있는 건축사사무소를 말한다.

〈자격 정보〉

■ 건축사 : 건축사란 국토교통부장관이 시행하는 자격시험에 합격한 자로서 건축물의 설계 또는 공사감리의 업무를 행하는 자를 말한다. 건축공사의 급격한 증가에 따라 건축사의 인력부족 해소 및 건축설계와 시공을 전담할 전문적인 지식과 풍부한 실무경험 및 기술을 갖춘 우수한 건축사를 확보하기 위해서, 동시에 건축사에 관한 국제적 요구수준에 맞도록 도입한 자격제도이다.

■ 건축사 합격 후 주요 업무 : 건축사는 건축주의 의뢰를 받아 해당 건축물을 구성하고 전문지식을 바탕으로 조형미와 경제성, 안전성, 기능성 등이 투영된 가장 이상적인 건축계획안 및 설계도서를 작성·제공한다. 또한 설계도서 내용들이 시공과정에 정확히 반영되는지를 확인하는 감리업무를 통해 건축주 및 시공자에게 공정한 조언과 기술 지도를 한다.

〈시험 정보〉

■ 응시자격
  - 정부에서 인증 받은 5년제 대학 건축학과를 졸업하고 3년
    이상의 실무경력이 있는 자
  - 건축사예비시험에 합격한 자로서 건축사예비시험 응시자격
    취득일부터 5년 이상 건축에 관한 실무경력이 있는 자
  - 외국에서 건축사면허를 받거나 자격을 취득한 자로서
    통산하여 5년 이상 건축에 관한 실무경력이 있는 자

■ 결격사유 : 다음 각 호에 해당하는 자는 건축사자격을 취득할
  수 없다.
  - 미성년자
  - 금치산자 또는 한정치산자
  - 이 법 또는 건축법의 규정에 의한 죄를 범하여 금고이상의
    형의 선고를 받고 그 집행이 종료되거나 집행을 받지
    아니하기로 확정된 후 3년이 경과되지 아니한 자
  - 형의 집행유예의 선고를 받고 그 유예기간 중에 있는 자
  - 건축사자격의 취소처분을 받고 그 취소된 날로부터 2년이
    경과되지 아니한 자

■ 합격 기준
  건축사 자격시험의 합격기준은 과목당 100점을 만점으로 하여
  각 과목 60점 이상 득점한 사람을 합격으로 한다. 다만, 일부
  과목만 60점 이상 득점한 경우에는 그 시험 직후에 시행되는
  연속 3회의 시험에서 그 60점 이상 득점한 과목에 대한 시험을
  면제한다.

> **건축사 자격시험 특별전형**
>
> 2019년 12월 31일까지
> 종전의 제15조에 따른 건
> 축사예비시험에 합격한 사
> 람으로서 건축사예비시험
> 의 응시자격을 취득한 날
> 부터 5년 이상(5년 이상의
> 건축학 학위과정을 이수하
> 고 그 학위를 취득한 사람
> 은 4년 이상) 건축에 관한
> 실무경력을 쌓은 사람은
> 2026년 12월 31일까지
> 대통령령으로 정하는 바에
> 따라 실시하는 건축사 자
> 격시험 특별전형에 응시할
> 수 있고, 건축사 자격시험
> 특별전형에 합격한 사람은
> 제14조의 개정규정에 따
> 른 건축사 자격시험에 합
> 격한 사람으로 본다.

〈시험과목 및 시험시간〉

시험과목	대지계획	건축설계1	건축설계2
배점	100점	100점	100점
출제범위	배치계획, 대지조닝, 대지분석, 대지단면, 지형계획, 대지주차 : 6과제 중 2과제 선택적 또는 복합적 출제	평면설계	단면설계, 구조계획, 설비계획, 지붕계획, 계단설계 : 5과제 중 2과제 선택적 또는 복합적 출제
방법	실기		

〈건축사 자격시험 합격자 현황〉

구분	응시자	합격자	합격률
2010년	3,269명	296명	9.1%
2012년	3,985명	455명	11.4%
2015년	5,164명	904명	17.5%
2018년	7,122명	752명	10.6%
2021년 (2회)	6,569명	330명	5%

* 2020년부터 건축사 자격시험은 매년 2회 시행된다.

〈건축사 자격시험 연령별 합격 현황〉

구분	20대	30대	40대	50대 이상	합계
2010년	3명(1.0%)	238명(80.4%)	50명(16.9%)	5명(1.7%)	296명
2011년	4명(1.1%)	270명(73.0%)	95명(25.7%)	1명(0.3%)	370명
2012년	3명(0.7%)	321명(70.5%)	125명(27.5%)	6명(1.3%)	455명
2015년	32명(3.5%)	468명(51.8%)	379명(41.9%)	25명(2.7%)	904명
2018년	22명(2.9%)	375명(49.9%)	316명(42.0%)	39명(5.2%)	752명

〈건축사 자격시험 성별 합격 현황〉

구분	2010년	2012년	2015년	2018년	2021년
여성	58명(19.6%)	98명(21.5%)	258명(28.5%)	199명(26.5%)	99명(30%)
남성	238명(80.4%)	357명(78.5%)	646명(71.5%)	553명(73.5%)	231명(70%)
합계	296명	455명	904명	752명	330명

건축과 관련한 대학의
학과는 크게 2개의
분야로 나누어지는데
하나는 종전의
건축공학, 즉 건물을
짓는 기술을 중심으로
하는 건축학이 있고
또 하나는 건축의
예술적 측면을
강조하는 건축학과가
있다.

반드시 일치하는 것은 아니지만 일반적으로 볼 때 4년제 건축학과의 경우는 건축기술공학 중심이고 5년제 건축학과의 경우는 건축의 인문예술적 건축학이라고 할 수 있다.

건축·설비공학과 (건축공학과 4년제)

일반적으로 공과대학 소속 4년제 학위를 이수하며 학문을 연구한다. 건축공학이란, 시공과 설비를 비롯한 건축물의 성능과 직결되는 부분들에 대해 건축가와 협력하는 학문 및 전문 능력을 포함한다. 공학적, 기계적, 기술적, 경제적인 분야에 걸쳐 다양한 학문을 습득하며 크게 건축구조·시공·설비 등의 분야로 나누어진다.

건축구조는 건축물을 역학적으로 지지하는 구조에 대한 힘의 흐름을 이해하고 그것을 토대로 안전하고 창조적인 건축구조를 설계하는 방법을 연구한다. 건설관리 및 정책 연구실은 건설사업 관리의 선진화를 목표로 역동적인 선진 건설사업 관리를 위한 기법 및 국가정책을 연구개발하고 열정어린 전문인을 키워낸다. 건축설비에 관한 종합적인 이론과, 갈수록 고층화, 다양화, 대형화, 자동화, 현대화되는 건축물의 환경 및 설비기능에 부응하여 쾌적하고 안전하며 편리한 생활을 할 수 있도록 연구한다. 건축공학 인증프로그램을 이수한 학생은 건축공학 전문 과정의 공학사 학위를 수여 받게 되고, 이수하지 않은 학생은

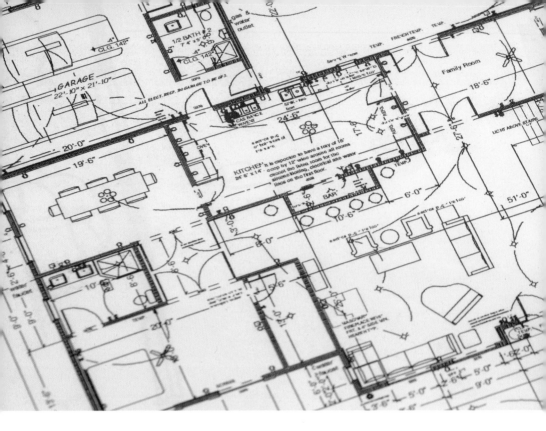

건축공학 일반과정의 공학사 학위를 수여받게 된다.

　다음과 같은 과목을 기초 또는 필수로 이수해야 한다. 단,
학교별·학과별 차이가 있으므로 자세한 사항은 희망 학교에서
재확인하여야 한다.

■ 일반물리학/일반물리학 실험 : 공학계열 학부의 전공교과목을
이수하는데 필수요건인 기초물리학의 전반적인 내용을 학습한다.
미적분 개념을 이해할 수 있어야 하며, 실험과목에서는
일반물리학을 통해 습득한 지식을 실험으로서 증명하며
실험기술을 익힌다.

■ 공학미적분학/공학미분방정식/공학확률과통계 : 고등학교
과정 보다 심도 있는 미분, 적분의 원리에 대해 수학적 계산, 응용
등을 적용해 공학에서 요구하는 수학적 능력을 기른다. 또한
확률의 정의, 성질, 확률 모형 등을 배우며 통계적 사고를 기른다.

■ 건축공학설계 : 건축공학과 연결해 토공사, 구조, 시공 및 재료, 설비 등 내용을 학습하고, 건축 현장 실무에서 필요한 이론을 습득해 체계적인 설계 능력을 키운다.

■ 건축구조역학 : 건축구조물에 쓰이는 재료들의 물리적인 성질, 응력, 변형률, 변위, 탄성과 비탄성, 변형 에너지 및 하중지지 능력등과 같은 기본적인 개념을 익혀, 구조시스템을 해석하는 기초적 능력을 습득한다.

■ 건축시공/설비 : 건축 시공법을 바탕으로 물리적인 시공 방법과 자동화 및 조립화되는 추세에 따른 신공법을 익힌다. 또한 설비는 건축물에 적용하는 급수, 배수, 냉방, 난방, 위생, 공기 조화 등 설비 및 설비 계획 방법을 배운다. 설계와 설비의 상호 관계성을 이해하게 됨으로써 응용 능력을 키울 수 있다.

건축학과 (건축학과 5년제)

　건축학은 미학, 철학, 인류학, 심리학 등 다양한 분야의 인문적 소양을 바탕으로 건물의 설계와 건축의 역사 및 이론을 연구하는 분야이다. 건축학 전공자들은 개별 건물의 내·외부 공간 및 환경 등을 설계하는 것 뿐만 아니라 건물과 건물, 건물과 도시, 건물과 자연 등의 관계도 함께 고찰할 수 있는 학문이다.

　건축학을 공부하기 위해서는 위해선 공과대학에서 요구하는 수학, 물리, 지구과학 등의 이공계 교과목의 공부가 필요하다. 그와 더불어 사회, 역사, 디자인 등에 이르는 다양한 교과목에 대한 이해가 요구된다. 또한 아이디어를 실제로 표현해내는 능력이 필요하며, 이는 설계를 구체화하는 중요한 도구 중 하나로 활용된다.

　5년제 건축학과 졸업학위 중 건문학전문학사 학위는 '한국건축학교육인증원'이 제시하는 인증규준을 준수하고 건축학교육 전문학위 인증을 취득한 프로그램으로서, 캔버라협약 인증기관들과 유네스코-세계건축사연맹 건축학교육인증기구가 동시에 인정하는 전문학위 프로그램이다. 인증 받은 건축학교육 전문학위 취득은 건축사의 필수 자격 요건으로 여겨질 만큼 이와 같은 시스템이 국제적인 추세에 놓여 있다.

　건축학과의 전문 건축학위를 취득하기 위해서는 건축교육학인증원의 프로그램 교과과정이 제시하고 있는 전공교과 이수가 요구된다. 전공교과과정은 학년/학기별로 체계적으로 짜여진 전공필수과목을 기본으로 구성되어 모든 학생들이 기본적인 건축교육을 필수적으로 이수토록 하고 있다.

　더불어 교과영역별로 다양한 전공 선택 과목들을 수강하여야 하며, 이 가운데 일정 학점은 의무적으로 이수를 하도록 권하고 있다. 전공필수 과목의 가장 많은 부분을 차지하는 설계스튜디오 과목은 전 학년에 걸쳐 진행되며, 설계과목 이외의 과목들은 보통 1, 2, 3학년의 전반기 교과과정에 집중되어 있다. 따라서 저학년 교과과정에서 건축 교육의 기초가 되는 선수과목들을 잘 수강해내는 것이 중요하다.

　다음은 주요 필수과목에 대한 설명이며 자세한 내용은 희망 대학의 학과에서 재확인할 것을 권한다.

■ 건축설계스튜디오 : 건축이 우리가 딛고 살아가는 환경과 무관하지 않다는 것을 기본전제로 하여 환경과 연관되어 있는 건축의 내·외부 관련된 주제를 설계한다. 또한 공간을 구성하는 기본적인 문제들에 접근해 연구하며, 이를 통해 자신의 건축적 정체성을 찾아나간다. 좋은 설계가 이루어지기 위해서는 설계과정에 대한 이해가 필수적이며 설계 개념을 성공적으로 실현하려면 재료의 특성과 성능에 관한 지식을 가지고, 시공방법과 더불어 구조의 원리를 이해하며 상세설계를 통하여 설계의도를 실현시킬 수 있는 능력이 요구된다.

■ 건축사 : 고대 중근동 지역에서 발원한 서구 건축의 전통이 어떠한 과정을 거쳐 고대 그리스와 로마, 비잔틴 건축을 거쳐 서유럽 건축의 르네상스와 바로크로 발전해 나가는지를 탐구한다. 건축사적 의미를 갖는 주요건축물을 중심으로 하고, 일상적 건축과 토속건축을 참고적으로 다룬다. 각 시대의 건축적 특성에 대하여 이해하고 건축에 미친 문화, 특히 종교와 사회적 영향에 대하여 학습한다. 르네상스 또는 바로크에서 현대 건축까지 당대의 건축이론과 기능, 구조, 미학의 변화를 철학적, 종교적, 정치적, 그리고 환경적 관점에서 이해한다. 근대의 문화적 변동이 가져온 지적 충격과 그것의 물적 표현을 건축개념과 양식적 표현, 건축유형과 구축술의 변화를 통해 이해한다.

■ 건축과 사회 : 인간의 사회적 행위를 담는 그릇으로서의 건축의 역할을 인식하고, 다양한 문화 속에서 개인과 사회집단이

드러내는 가치 및 관습과 환경과의 상호작용에
대해 이해한다. 물리적 환경과 인간 행동간의
상호관계를 밝혀주는 심리적, 생리적, 행태적
이론과 방법을 이해한다. 사용자 요구분석 및
디자인 의사결정, 인간행태와 건축형태와의
관계 등 사회적 행태가 건축설계에 미치는
영향과 이의 설계과정에서의 적용에 대해
공부하며, 기본적인 프로그래밍의 기법과 공간
및 행위의 분석, 사례연구 등의 방법을
공부한다.

이외에도, 건축과도시설계, 건축구조계획,
건축환경계획, 건축설비, 건축시공, 건축실무
등에 대해 체계적인 학습을 하는 과목을
수강하여야 한다.

> 건축학과(5년제) 개설 대학
>
> **가천대, 강원대, 경기대, 경남대, 경남과학기술
> 대, 경북대, 경상대, 경성대, 경일대, 경희대, 계
> 명대, 고려대, 공주대, 관동대, 광운대, 광주대,
> 국민대, 금오공과대, 남서울대, 단국대, 대구카
> 톨릭대, 대전대, 동명대, 동서대, 동아대, 동의
> 대, 명지대, 목원대, 목포대, 배재대, 부경대, 부
> 산대, 삼육대, 서울대, 서울과학기술대, 서울시
> 립대, 선문대, 성균관대, 세종대, 순천대, 순천향
> 대, 숭실대, 신라대, 아주대, 연세대, 영남대, 울
> 산대, 원광대, 이화여대, 인제대, 인하대, 전남대,
> 전주대, 조선대, 제주대, 중앙대, 창원대, 청주
> 대, 충남대, 충북대, 한경대, 한국교통대, 한국예
> 술종합학교, 한남대, 한밭대, 한양대, 호서대, 홍
> 익대**

토목공학과

토목공학은 문명, 또는 시민공학이라는 의미를 포함한다. 다른
용어로는 건설공학, 사회시설공학이라고도 칭한다. 이들 전공은
인간이 접하는 자연환경을 보존하고 인간의 활동을 보다
편리하고 안전하게 개선하여 국토의 발전을 도모한다. 현재
토목공학은 구조, 수공, 도로/교통, 토질의 4개 분과로 나누어져
있으며 각 분야마다 사회의 기반시설이 되는 교량, 댐, 상하수도,
도로, 항만, 지하구조물 등 시설의 제반 사항에 대한 이론과
실무를 습득한다.

다음과 같은 교과 과정을 이수하며, 자세한 사항은 희망 학과에
문의해볼 것을 권한다.

■ 재료 역학 : 고체재료에서의 응력 및 변형의 개념과 구조물의
형태에 다라 발생되는 힘의 종류 즉 축방향력, 전단력, 비틂과
휨모멘트에 대한 개념 및 산정법을 다루며 이러한 힘들에 의해
발생되는 내부 응력 및 변형율에 대해 각각 연구한다.

■ 구조역학 및 실험 : 보, 프레임과 트러스의 정정구조물의
반력산정법과 그 구조물을 구성하고 있는 각 부재의 전단력과
휨모멘트 계산법 및 다이어그램 작성법을 다루는 한편, 영향선의
개념과 응용을 연구한다.

■ 철근 콘크리트 공학 및 설계 : 콘크리트의 재료적 성질, 역학적
거동과 철근 콘크리트 특성을 고려한 역학의 적용을 연구하면서
부재의 종류와 힘의 종류에 따른, 즉 보, 기둥, 옹벽 등의 강도와
거동을 다루면서 동시에 부재 및 구조물의 설계를 다룬다.

■ 수리학 및 실험 : 유동상태에 있는 물의 역학적인 해석을 주로
하는 학문으로서 유체역학에서의 내용을 토대로 하여 관로
시스템해석, 개수로의 정상류와 비정상류의 해석, 수로내의

토사의 유송과 수로의 안정설계를 다룬다.

■ 토질 역학 및 실험 1 : 건설재료로서의 지반(흙, 암석) 재료에
대한 물리적, 역학적, 공학적 특성을 밝혀 건설 구조물을 축조할
경우 지반의 응력 및 변형거동을 이론적으로 밝히는 능력과 실제
지반의 거동을 설명할 수 있는 능력을 기르기 위한 기초학문이다.
토질역학 및 실험1에서는 주로 지반의 생성, 흙의 물리적 성질과
성분분류, 공학적인 지시적인 성질, 다짐특성, 투수성,
탄성이론에 의한 응력의 지중전달, 전달특성, 흙의 변형에 대한
기초이론, 지반의 강도를 결정하기 위한 각종 시험방법 및 평가,
지하수의 이론 및 이들에 부수되는 시험법이 주 내용이 된다.

■ 토질 역학 및 실험 2 : 토질역학 및 실험1의 내용을 이어받아
토질역학 및 실험 2에서는 주로 재료역학적인 관점에서 응력-
변형 관계를 다루며 또한 그 응용 예를 강의한다. 주 내용은
지반의 전단이론, 흙의 압축성, 압력이론, 토압이론, 얕은 기초의
설계, 사면의 안정, 연약 지반의 이론, 지지력강화의 공법, 지반
조사 방법의 개요 등이다.

도시공학과(사회환경시스템공학과)

  도시공학은 도시 및 지역에서 발생되는 주택, 교통, 환경 등
각종 도시문제를 조사 분석하여 보다 바람직한 도시를 계획하고
관리하기 위한 학문으로써, 도시계획 및 설계를 비롯하여,
인접분야인 환경, 건축, 토목, 조경 분야는 물론 도시문제와
관련이 깊은 사회, 경제, 지리 등에 관한 광범위한 지식이
요구되는 종합 과학 분야이다.

  도시계획에 대한 이론과목과 실험실습과목의 조화를 통해
도시계획 이론과 실무를 겸비한, 준비된 전문 인력을 육성하는
것을 교과과정의 목표로 한다. 이를 위해 전 교과과정이 기초부터
고급실무과정으로 체계적으로 연결되어 있으며 실험실습과목은
팀제를 통해 현실세계의 도시개발사례 및 문제를 대상으로
실무프로젝트를 수행하여 수강생의 팀워크를 배양하고,
이론과목의 지식을 현실 문제를 대상으로 적용하는 능력을 키워
졸업과 동시에 도시계획 관련 직장에서 전문가로 활동할 수
있도록 한다.

  관련 자격증으로는 도시계획기사, 교통기사, 조경기사,
물류관리사, 사회조사분석사, 감정평가사 등이 있다.

  다음과 같은 과목을 이수하며, 학과별로 상이한 시스템이 있을
수 있으므로 자세한 내용은 희망학과에 직접 문의해야 한다.

■ 도시계획개론 : 도시계획을 물리적 계획으로서 뿐만 아니라
사회과학적인 측면에서의 이론을 근거로 하여 합리적이고
과학적인 계획수립의 과정과 기법을 이해한다.

■ 공학미적분학 : 고등학교에서 배웠던 미분과 적분에 관한
수학의 원리와 계산, 응용 등을 더욱 심도 있게 학습하여 공학의
다양한 전공에서 요구하는 상위의 수학을 다루 는데 도움을 준다.

■ 일반물리학 : 역학, 전자기학 등 기초물리학의 전반적인
내용을 학습

■ 일반화학 : 원자 분자 이온, 화학양론, 화학결합의 종류와
용액의 화학 양론, 기체, 열역학, 원자구조와 주기성, 일반적 개념,
기체, 열화학, 원자구조의 주기성, 결합 일반적 개념, 공유 결합:
궤도함수, 액체와 거체 등에 대한 이해를 요한다.

■ 컴퓨터프로그래밍 : 전산 처리 능력의 배양을 위해 컴퓨터
프로그래밍 언어의 규약 및 구성을 배우고, 실제 공학 문제에
적응시켜 수치 해석 능력을 기르도록 한다.

■ 측량학 : 지구표면상에 존재하는 제점들 상호간의 위치관계
규명해, 측량에 관한 기본 이론을 이해한다. 또한 이론을
바탕으로 실습을 통하여 현장에서 응용 할 수 있도록 한다.

■ 통계학 : 통계학은 사회현상을 이해하고 정책효과를
검토하는데 있어 없어서 안될 학문이다. 특히 도시계획이 관심을
가지는 사회현상을 이해하거나 정책수단을 선택하기 위하여서는
반드시 필요하다. 과학적 이론에 준거하여 연구대상이 되는
사회현상이나 정책대상에 관련된 자료를 수집하고 분석 하여
결론을 도출해 내기 위해 통계학을 연구, 습득한다.

이외에도 도시 계획, 시스템, 부동산, 교통, 환경, 지리 등에 대한
전반적인 이해를 도울 수 있는 주요 교과목을 수료한다.

Part Four

Work
Together

건축기사

건축물의 계획 및 설계에서 시공에 이르기까지 모든 과정에 관한 공학적 지식과 기술을 갖춘 기술 인력이다. 건축의뢰자와 협의하여 건축의 형태와 설계에 관한 필요조건 등을 결정하고 사용자재, 부대설비, 공사비 등에 대하여 전문적인 조언을 해준다.

건축물의 기능 및 공간적 조건을 결정하기 위하여 고객과 상담하고 통일성 있게 조절 하여 건물의 규모, 기능, 배치를 설계한다.

상세한 설계도면을 작성하고 제도하여 도급자 또는 각 작업자에게 분배하며, 작업 진행이 설계와 일치하는지를 확인하기 위하여 공사 진행 상태를 감독하는 업무 수행한다.

이들은 종합 또는 전문건설회사의 건설현장, 건축사사무소, 용역회사, 시공회사 등으로 진출할 수 있다. 앞으로 건축기사의 인력수요는 증가할 것이다. 신규 착공부지의 부족, 기업에 대한 정부의 강도 높은 금융제재로 투자위축 우려, 전세대란의 대책으로 인한 재건축사업의 부진 우려, 지방지역의 높은 주택보급률에 대한 부담 등 감소요인이 있으나 앞으로의 건설경기 동향을 가늠할 수 있는 선행지표인 건축허가

면적이 경기회복의 기대감으로 실제로
급증세를 보이고 있으며, 이밖에도 최근
저금리추세가 지속, 민간임대사업의 활성화,
소규모 공동주택 재건축 허용, 민영주택의
청약자격 완화, 대형 호화주택에 대한 중과세
방침철회 등 증가요인으로 건축기사
자격취득자에 대한 인력수요는 증가할 것이다.

〈자격 개요〉

■ 건축물의 붕괴는 많은 인명과 재산상의
손실을 가져오므로 건축물을 둘러싼 주변
환경과 건물의 용도 및 경제적 비용에 대한
기본적인 계획에서부터 인간 생활을 공간에
기능적으로 구현하는 설계를 바탕으로 실제
구축하는 시공 과정을 거치는 동안 전 과정에

관한 공학적 지식과 기술을 갖추고 건축 업무를
수행할 전문 기술 인력이 필요하다. 이에 따라
안전한 건축물 창조를 위하여 건축기사
자격제도를 제정하였다.

■ 해외의 개도국이나 산유국들에 대한 대단위
도시건설 및 건축계획들이 진행되고 있어
건설업체의 해외 진출의 활발해지고 성공을
거둘 경우 건축분야 자격증 보유자에 대한
수요가 증가할 수 있고, 최근 초고층복합빌딩 등
IT, 대체에너지 기술이 접목된 새로운 융합,
복합 분야의 건축전문가에 대한 수요가
발생하고 있어, 새로운 기술을 갖춘 건축기사
자격취득자에 대한 인력수요는 증가할
가능성도 높다.

〈주요 업무〉

■ 건축기사는 건축공사를 관리, 감독하고, 구조 설계를 하거나
기타 시공에 관한 기술적 자문을 할 수 있고, 건축 의뢰자와
협의하여 건축의 형태와 설계에 관한 필요조건 등을 결정하고
사용자재, 부대설비, 공사비 등에 대하여 전문적으로 조언하는
역할을 한다.

■ 고객과의 상담으로 건축물의 기능 및 공간적 조건을 결정하고,
통일성 있게 건물의 규모, 기능 배치를 설계하는 작업을
수행한다.

■ 상세한 설계도면을 작성하고 제도하여 도급자 또는 각
작업자에게 분배하며, 작업진행이 설계와 일치하는지 공사 진행
상태를 감독하는 업무를 수행한다.

건축구조설계사(기술자)

　건축의 계획 및 설계에서 시공, 관리에
이르는 모든 과정에 관한 공학적 지식과 기술,
그리고 풍부한 실무경험을 갖춘 전문 인력이다.
건축구조 분야에 관한 고도의 전문지식과
실무경험에 입각한 계획, 연구, 설계, 분석,
시험, 운영, 시공, 평가 또는 이에 관한 지도,
감리 등의 기술업무를 수행한다.
　일반건설회사와 전문건설회사,
감리전문회사에 취업할 수 있으며, 이밖에
건축구조관련 연구소 및 유관기관으로 진출할
수 있다.
　건축구조기술자의 인력수요는 증가할
것이다. 건설경기 활성화 대책으로 공공건설의
투자확대, 주택자금의 지원, 세제지원, 국민
임대주택의 건설 및 각종 법령의 개정 등
정부의 정책적 지원과 국내 대형 건설사들의
경영상태가 부채 비율 감소, 자기 자본비율
증가 등의 영향으로 건전해지고 향후 부동산
경기회복이 본격화될 것으로 보고 아파트
공급량을 대폭 확대할 계획이며, 해외건설공사
수주현장을 보면 중동 및 아시아 지역을
중심으로 전년 동기대비(금액) 313.6%
증가하는 등 증가요인이 많이 작용하고 있으며
특히 국내외 천재지변으로 인한
건축구조분야의 중요성이 증대되어 건축
구조기술자의 인력 수요도 역시 증가할 것이다.

02

자격증 분야

■ 건축일반시공기능장
건축시공에 관한 최상급 숙련기능을 가지고
현장에서 작업관리, 소속 기능자의 지도 및
감독, 현장훈련, 경영층과 생산층을 유기적으로
결합시켜주는 현장의 중간관리 등의 업무
수행한다. 건축공사 전문시공업체에 진출할 수
있으며 자영업도 가능하다.
건설경기 활성화 대책으로 공공건설의
투자확대, 주택자금 지원, 세제지원, 국민임대
주택 건설 및 각종 법령의 개정 등 정부의
정책적 지원과 국내 대형 건설사의 경영상태가

부채비율 감소, 자기자본비율 증가 등의
영향으로 건전해지고 향후 부동산 경기 회복이
본격화될 것으로 보고 아파트공급량을 대폭
확대할 계획 등 증가요인으로
건축일반시공기능장의 인력수요는 증가할
것으로 예측된다.

■ 건축목재시공기능장
각종 수공구와 목공기계를 사용하여 목구조의
골조 구성과 철근콘크리트조의 거푸집 제작,
설치 및 일반 건축물의 내·외부를 목재로

마감하는 작업을 수행한다.

자격취득에 따른 인센티브는 거의 없으며 실제 건설현장에서
기능을 습득하여 목공으로 취업하는 것이 일반적이다. 작업의
특성상 일정한 회사에 상용직으로 고용되지 않고
전문건설업체나 하도급자의 의뢰에 따라 작업을 수행한다.
주택이나 상업시설, 문화시설 등에 대한 고품질화와 목조주택 등
목재시공에 대한 수요가 증가하고 있어 목공에 대한 인력수요는
서서히 증가할 것이다.

■ 유리시공기능사

건축구조물의 문, 창문, 칸막이, 상점 진열장, 실내장식물 등에
사용되는 유리의 품종을 선택하여 시공계획을 세우며 시공하는
작업 수행한다.

주로 유리시공 전문 업체에 취업할 수 있으며 자영업도 가능하다.
자격취득에 따른 기능 향상을 바랄 수 있으며 실제 건설현장에서
기능을 습득하여 유리공으로 취업하는 것이 일반적이다. 작업의
특성상 일정한 회사에 상용직으로 고용되지 않고 전문건설

업체나 하도급자의 의뢰에 따라 작업을 수행한다.

현대 건축에서 유리는 단열이나 소음방지 뿐만 아니라 장식이나
위험의 방지 등 다양한 용도로 그 수요가 증가하고 있으며, 또한
정부에서는 건설일용근로자의 관련 자격증 취득에 따른 여러
가지 우대방안을 검토하는 등 여러 가지 증가요인이 있으나 유리
시공 작업이 힘든 육체적 능력을 필요로 하는데다 고층건물에서
작업하는 등의 위험성이 많아 건축경기 회복에 따라 인력난이
예상되는 직업이다.

■ 콘크리트 기능사

건물, 댐, 지하도 등 시공현장과 콘크리트 제품 생산업체에서
콘크리트 믹서, 콘크리트 펌프, 진동 다짐기, 손수레, 삽 등을
이용하여 콘크리트를 배합, 운반, 타설, 양생시키고 마무리하는
작업을 수행한다.

종합건설업체, 콘크리트 단종건설업체 및 일반 건설공사의
현장에서 일용직 형태로 고용되고 있다.

그동안 건설경기 특히 민간건설경기가 침체되면서 콘크리트공의

고용상황은 기능 인력의 과잉공급 보다는 공사
규모의 급감으로 인한 잉여인력이 발생하였다.
그러나 민간 건설경기가 점차 회복되고 있으며,
정부에서는 건설일용근로자의 관련자격증
취득에 따른 우대방안을 다각도로 검토하고
있어 이들에 대한 인력 수요는 서서히 증가할
것이다. 장기적으로 인력의 고령화로 젊은 기능
인력에 대한 인력부족을 겪을 수도 있을
것이다.

■ 석공 기능사
석재를 붙여 구조물을 구축하고 붙임돌,
징두리돌, 테라조, 모조석을 사용하여 구조체에
연결철물, 모르타르 등으로 설치 고정하는 작업
수행한다. 석공사 전문업체에 사용직으로
근무하기도 하지만 일반적으로 작업반장의
관리하에 일용직으로 근무한다.
통계청 자료에 의하면 2019년도 계약건수는
15,710건, 계약액 19,415억원으로 1997년
계약건수 5,749건, 계약액 5,668억원이었던
것에 비해 약 3~4배 증가하였다. 향후 전반적
건설공사가 증가하고 있으며, 건물의 고급화에
따라서 내·외장재로서 타일이나 도장의 사용이
줄고 석재의 사용이 늘어나면서 석공에 대한
인력수요는 증가할 전망이다.

비자격증 분야(건설 일용직)

〈일반공〉

　새벽 건설인력의 90%를 차지하는 대표 직종이다. 아파트
현장청소, 자재정리, 보도블럭, 철거, 집수리, 짐운반, 주택 건설
등에 참여하며 일당 10만~14만원을 받는다. 나이는 다양하다.
21세부터 65세 사이라면 누구나 일할 수 있다. 그러나 혈압 환자,
잦은 음주 및 알콜 중독자, 게으르고 신체가 병약한 이는
현장에서 반겨주지 않는다. 일용 근로자이긴 하지만, 건설업에
투입되는 인력인 만큼 정신력과 협동력이 우선되어야 하기
때문이다.

〈건설기공〉

　기공 인력은 건설경기 침체로 인해 일자리가 없어 일반공으로
일하기도 하지만, 직종에 따라 인력난에 시달릴 만큼 필요한
인력이기도 하다. 특히 형틀목수의 경우엔 건설현장에서 언제나
인력이 부족해 늘 새로운 인력 공급이 요구되는 직종이다.

　과거의 전통적 건축 구조 안에서는 이들이 전문 장인으로서
활동하기도 하였으나, 현재는 육체노동을 꺼리는 이들이
많아지고, 시스템이 전문화되어감에 따라 일반 건설 노동자로서
자격증이 없이 육체노동을 제공하는 일용직으로 자리 잡았다.

- 미장 : 벽이나 바닥을 깨끗하게 시멘트 칠로 마감하는 사람. 일당 약 23만원.
- 조적 : 벽돌을 쌓는 사람. 일당 약 22만원.
- 철근 : 아파트 시공 중 바닥, 골조구조물, 철근망을 구축하는 인력. 일당 23만원.
- 공구리 : 콘크리트를 칭하는 건설 현장 용어로, 바닥이나 벽, 레미콘 등에 시멘트 모래를 채우는 일을 한다. 일당은 22만원.
- 용접 : 쇠를 붙이는 작업. 산소용접, 알곤용접, H강, 철골 용접 등이 있으며 일당은 23만원.
- 형틀목수 : 주로 아파트 현장에서 바닥이나 벽, 계단, 난간 등에 판넬을 사용해 거푸집을 만드는 작업을 한다. 일당 23만원.
- 내장목수 : 집을 짓거나, 인테리어 시공 시 고도의 기술을 요하는 기공. 일당 24만원.
- 비계공 : 파이프를 이용하여 안전시설을 가설. 일당 25만원.
- 컷팅 : 컷팅기를 이용해 시멘트 바닥, 벽을 자르는 작업을 수행. 일당 23만원.
- 할석 : 울퉁불퉁한 바닥을 고르게 하는 작업. 일당 19만원.
- 설비배관 : 수도, 화장실 등 건물 내 설비와 배관 작업을 수행. 일당 20만원.
- 도장 : 페인트칠을 하는 작업. 아파트 건물 외벽 페인트. 일당 22만원.
- 곰방 : 현장에서 시멘트, 타일, 벽돌, 모래를 통 속이나 수레를 이용해 옮기는 작업. 일당 14만원.
- 타일 : 욕실, 화장실, 건물 외벽, 바닥 타일을 시공. 일당 23만원.
- 보도블럭/경계석 : 차도와 보도를 경계석으로 나누고 보도에는 블록을 시공. 일당 23만원.
- 철거 : 철거 경험 정도에 따라 최소 1년 경력자부터 능력을 인정받아 작업 투입. 일당 14만원.

실내건축기능사

　실내공간은 기능적 조건뿐만 아니라, 인간의
예술적, 정서적 욕구의 만족까지 추구해야 하는
것으로, 실내공간을 계획하는 의장분야는
환경에 대한 이해와 건축적 이해를 바탕으로
기능적이고 합리적인 시공 등의 업무를 수행할
수 있는 지식과 기술이 요구된다. 이에 따라
건축의장분야에서 필요로 하는 인력을
양성하고자 개설된 자격분야다.

　1997년 6월 2일 대통령령 제15384호에 따라
실내건축기능사 라는 자격이 신설되었다.

　실내건축기능사는 건축물 내부의

장식·방음·실용성 제고를 목적으로 각종
자재를 이용하여 방음
설비·마루·칸막이·천정·목(木)장식품 등을
제작·설치한다.

　건축설계사무실, 건설회사, 인테리어사업부,
인테리어전문업체, 백화점, 방송국, 모델하우스
전문시공업체, 디스플레이전문업체 등에
취업할 수 있다.

　실내건축산업기사의 인력수요는 증가할
전망이다. 의장공사협의회의 자료에 따르면
2000년 이후 실내건축 시장은 국내경제의

회복에 따른 수요증대 및 ASEM
정상회의(2000년)에 따른 회의장 및 부속시설,
영종도 신공항건설(2000년), 부산아시안게임
관련공사(2002년), 월드컵(2002년) 주경기장과
부대시설공사, 평창동계올림픽
관련공사(2018년) 등 대규모 국가단위 행사
또는 국책사업 등에 의해 새로운 도약기를
맞았다. 이밖에 실내건축은 창의적인 능력과
경험을 토대로 하는 지식산업의 하나로 상당한
부가가치를 창출할 수 있으며, 실내공간의
용도가 전문적이고도 특별한 기능이 요구되는
상업 공간, 주거 공간, 전시 공간, 사무 공간,
의료 공간, 예식 공간, 교육 공간,
스포츠·레저공간, 호텔, 테마파크 등
업무영역의 확대로 실내건축기능사의
인력수요는 증가할 전망이다. 또한 경쟁도
심화되어 고도의 전문지식 습득 및 서비스정신,
일에 대한 열정은 필수적이다.

실내건축기사

  1991년 10월 31일 대통령령 제13494호에 따라
의장기사1급으로 시작한 자격증이다. 이후 1998년 05월 09일에
대통령령 제15,794호에 따라 실내건축기사로 이름이 변경되었고
현재까지도 사용되고 있다.

  건축공간을 기능적, 미적으로 계획하기 위하여 현장분석자료
및 기본 개념을 가지고 공간의 기능에 맞게 면적을 배분하여
공간을 계획 및 구성하며, 이러한 구성개념의 표현을 위하여
개념도, 평면도, 천정도, 입면도, 상세도, 투시도 및 재료 마감표를
작성, 설계가 완료된 도면을 제작하고 현장의 시공을 관리하는
직무를 수행한다.

  실내건축기사는 건축설계 사무실, 건설회사, 인테리어사업부,
인테리어 전문업체, 백화점, 방송국, 모델 하우스 전문시공업체,
디스플레이 전문업체 등에 취업할 수 있으며, 본인이 직접
개업하거나 프리랜서로 활동이 가능하다.

도배기능사

　수백채씩 한꺼번에 짓는 아파트공사 같은 경우 전문적인
도배업무를 수행하는 사람에게 의뢰하지 않고는 도저히 해낼
수가 없다. 이에 따라 건축공정의 효율성을 기하고 산업 현장에서
요구되는 인력수요는 충족시키기 위하여 전문적인 도배기술을
갖춘 인력을 양성할 목적으로 제정된 자격제도이다.

　시공바탕면의 합판이나 석고보드의 거친면을 사포로 고르고
이음면을 하드롱지로 붙인 후 초배지를 자르고 도배지를
재단하여 풀과 목재용 본드를 혼합한 풀을 칠하여 장식용 종이
또는 천종류의 도배지를 바르는 업무를 수행한다.

　자격취득에 따른 인센티브는 거의 없으며 실제 건설현장에서
기능을 습득하여 도배공으로 취업하는 것이 일반적이다. 작업의
특성상 일정한 회사에 상용직으로 고용되지 않고
전문건설업체나 하도급자의 의뢰에 따라 작업을 수행한다. 또한
지물포를 운영할 수 있다. 건축경기 회복에 따른 신규 아파트
공급이 증가하고 있으며, 생활수준의 향상에 따라서 인테리어에
대한 관심이 증가하면서 기존 주택에 입주할 때에나
실내분위기의 전환을 위하여 다시 도배하는 횟수가 늘고 있고, 그
기간도 짧아지고 있어 도배기능사의 인력수요는 증가할
전망이다.

가구제작기능사

　주문생산에 의한 소량의 가구제작에서
이제는 자동화 공정에 의한 대량생산 체제가
도입됨에 따라 업체에서는 가구제작 업무를
수행할 숙련 기능공을 요구하고 있다. 이에
따라 일정한 자격제도를 규정하고 현장에서
필요로 하는 기능인력을 양성 하고자 하는
목적으로 시행한다.

　목재나 금속, 플라스틱재의 자재와 부속품을
가공하고 조립하여 제작도면과 시방서에 따라
재료 절단, 연마, 도장, 조립 등을 거 친 후
사용하기 편리하고 아름다운 각종 가구를
제작한다.

　목재가구제작업체, 금속가구제작업체,
주방가구제작업체, 전통공예가구제작업체,
인테리어전문업체, 가구수리·보수전문업체
등에 취업 할 수 있다.

　가구제작업체가 대부분 영세하고
국제통화기금(IMF) 관리체제이후 내수시장의
감소, 수출부진 등으로 가구업체와 종사자수가
줄어든 상태이나 경기회복과 함께
2000년대부터는 주문 가구, 고급가구를
중심으로 소비증가가 이루어지고 있다.

　가구제작은 자동화에 한계가 있고 소비자의
다양한 기호를 만족시켜야 하는 공예품적인
성격이 강하기 때문에 실용적인 측면과
장식적인 측면을 고루 만족시켜줄 수 있는
숙련기능공의 수요는 줄어들지 않을 전망이다.

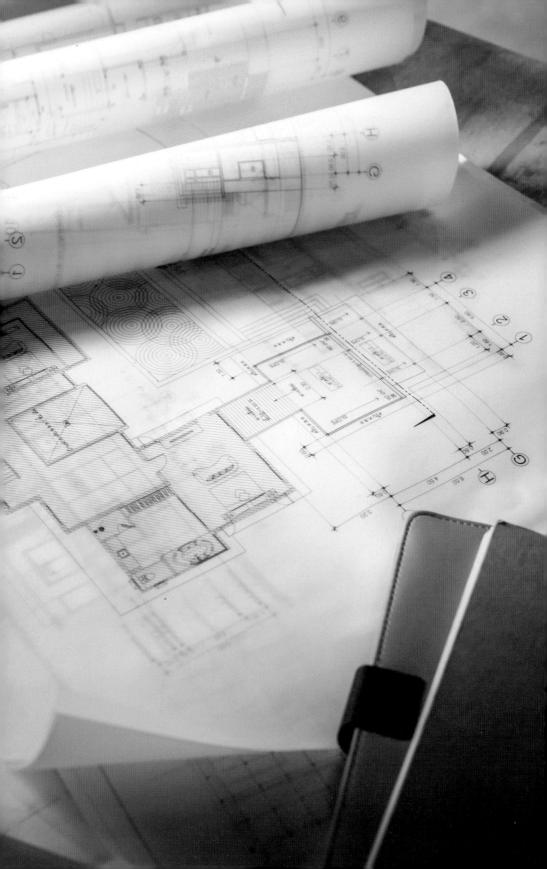

행복한 직업 찾기
나의 직업 건축사

초판 1쇄 인쇄 2014년 2월 24일
개정판 1쇄 인쇄 2019년 12월 22일

개정2판 1쇄 인쇄 2022년 1월 7일
개정2판 1쇄 발행 2022년 1월 15일

글　　　　 | 꿈디자인LAB
펴 낸 곳 | 동천출판
사　　 진 | (사)한국건축가협회. 해안건축. shutterstock.

등　　 록 | 2013년 4월 9일 제319-2013-25호
주　　 소 | 서울특별시 서초구 효령로 60길 15(서초동, 202호)
전화번호 | (02) 588 ~ 8485
팩　　 스 | (02) 583 ~ 8480
전자우편 | dongcheon35@naver.com

값 18,000원
ISBN　　 979-11-85488-70-7 (44370)
　　　　　 979-11-85488-05-9 (세트)

*잘못 만들어진 책은 구입하신 서점에서 바꿔 드립니다.